Böttcher & Fischer

BöFis BierFibel

Böttcher & Fischer

BöFis BierFibel

Projekte-Verlag
Cornelius

Impressum

1. Auflage

www.projekte-verlag.de
Mitglied im Börsenverein des Deutschen Buchhandels

Satz und Druck:
Buchfabrik Halle · www.buchfabrik-halle.de

ISBN 978-3-86237-527-1
Preis: 9,99 EURO

Inhalt

Einleitung

Der Mensch beschäftigt sich gedanklich mit dem, was er tut. Wir trinken beide gern mal ein Bier, auch zusammen, dann werden es schon mal zwei. Mit so einem gepflegten Bierchen in der Hand ließen wir dann auch mal unsere Gedanken schweifen.

Es waren meist Gedanken, die sich nicht nur um das Bier an sich drehten. Da wir nicht mehr die Allerjüngsten sind, haben wir dann aufgeschrieben, was wir nicht vergessen wollten. So entstand dieses Buch.

Es geht in diesem Buch nicht um das Bier, also um die Zusammensetzung dieses edlen Getränkes, obwohl das berühmte Reinheitsgebot natürlich zu Wort kommt. Die Chemie muss stimmen – das soll hier zu diesem Thema reichen.

Es handelt sich auf den folgenden Seiten auch nicht um eine Beschreibung der Bierherstellung, der hohen Kunst des Brauens. Darüber können Sie, wenn Sie das wollen, Lehrbücher oder Fachpublikationen lesen.

Es geht folglich nicht um das Bier, sondern wir haben über das Bier geschrieben und darüber hinaus. Schließlich ist Bier nicht nur ein Getränk, sondern ein Kulturgut. Das Biertrinken ist keine bloße Aufnahme von Flüssigkeit, es ist mehr. Es ist viel mehr.

Bier ist Bestandteil des Lebens. Bier ist ein Wirtschaftsfaktor, nicht nur auf die Schankwirtschaft bezogen. Bier ist ein Politikum, nicht nur bei der jährlichen Verkündung der Bierpreise für das Münchener Oktoberfest. Zum Fußball gehört das Bier, zum Grillen sowieso und auch den einen oder anderen Skatspieler hat man schon hin und wieder zum Bierglas greifen sehen.

Bier hat seinen Platz in Kunst, Literatur und Musik. Davon künden nicht nur Trinklieder und Sprüche an der Klowand.

Bier findet man in Namen, Bier und artverwandte Begriffe sind auf Stadtplänen und Landkarten vertreten.

Kurz gesagt: Bier steht für sich. Bier steht für Freude und Hochgefühl, aber auch für Skepsis oder gar Unbill. Bier kann Probleme machen, sie aber auch lösen. Davon handelt dieses Buch.

Abschließend noch ein Hinweis an Sie, liebe Leser: Schauen Sie immer mit einem Augenzwinkern hinein, nehmen Sie nicht alles so bierernst.

Viel Spaß beim Lesen – und: Lesen Sie nicht alles hintereinander, also auf Ex. Machen Sie Pausen und genießen Sie zwischendurch einfach mal ein Bier.

1)Viele Biere – Von Alt bis Zoigl

Altbier

Das Altbier ist kein altes Bier, sondern ein nach „alter Brauart“ hergestelltes Bier. Es ist obergärig und hat eine dunkle Farbe. Altbier kommt überwiegend am Niederrhein in der Gegend um Düsseldorf über die Theke, also in den sogenannten Altbundesländern, aber eben nicht in allen.

Barbier

Barbier ist keineswegs ein Bier. Es ist auch keines, das man exklusiv nur in einer Bierbar bekommt. Barbier ist die Bezeichnung eines alten Handwerkers, der im Mittelalter nicht nur die Haare und Bärte seiner Kunden pflegte und schnitt, sondern auch Zähne zog, zur Ader ließ und Klistiere verabreichte. Das soll oftmals nur unter der Einwirkung von Alkohol auszuhalten gewesen sein.

Bockbier

Bockbier wird nicht von alten „Böcken“ oder Brauern, die sich bockig geben, hergestellt.

Bockbier ist ein meist saisonal, ursprünglich zur Fastenzeit, gebrautes und lange gereif- tes Starkbier. Für ganz starkes Starkbier mit über 18 Prozent Stammwürze wird auch die Bezeichnung Doppelbock verwendet. Doppelt hält bekanntlich besser. Der Name Bock soll übrigens vom Namen der Stadt Einbeck kommen. Je mehr Bier unsere Altvorderen intus hatten, desto mehr verstanden sie bei Einbeck einfach „ein Bock".

Colombier

Colombier ist überhaupt kein Bier, sondern ein Ort in der Schweiz, in dem es am Neuenburger See einen Zeltplatz gibt, auf dem wiederum eine Gaststätte steht, an die ein Biergarten angeschlossen ist.

Diätbier

Das Diätbier ist mitnichten ein Haustrunk in deutschen Parlamenten, der den Abgeordneten zu ihren Diäten als Getränk gereicht wird. Diätpils ist ein untergäriges Bier, dem ein Teil des Alkohols entzogen wird und das wenig Kohlenhydrate aufweist. Es ist also für Leute gedacht, die wirklich auf ihre Diäten angewiesen sind.

Dinkelbier

Das Dinkelbier ist keineswegs ein falsch geschriebenes Dunkelbier, sondern ein spezielles obergäriges Bier, das mit Dinkelmalz gebraut wird. Dinkel ist ein altes Getreide und sozusagen der Vorläufer des Weizens. So schmeckt das Bier dann auch.

Dumbier

Dumbier ist kein Bier, sondern die mit knapp über 2.000 Metern höchste Erhebung der Niederen Tatra. Der Dumbier ist Teil eines slowakischen Nationalparks, und da Bier auch das Nationalgetränk der Slowaken ist, kann man auch auf dem Dumbier ein Bier trinken. Man muss es nur vorher nach oben bringen oder bringen lassen.

Dünnbier

Dünnbier ist heute nicht mehr dicke da. Früher war Dünnbier ein leicht alkoholischer Getreidesud, den die ganze Familie trank. Heute sagt man Dünnbier zu jenen Bieren, die schal schmecken, die keiner mehr trinken will und sich deshalb am besten dünne machen sollen – am besten dahin, wo sie hergekommen sind, also in die USA.

Dunkelbier

Das Dunkelbier ist keineswegs ein Bier, das man nur nachts und vielleicht auch noch heimlich trinken muss. Bei Licht besehen ist das Dunkel- oder Braunbier ein Bier, das sich farblich vom Hellen abhebt. Welche Farbe ein Bier hat, hängt von der Farbstärke des verwendeten Malzes ab.
Deutschland wäre nicht Deutschland, wenn es dafür keine Einteilung und Maßeinheiten gäbe. Diese nennt sich EBC. Ein normales Pils hat etwa drei EBC, ein Dunkles etwa 40 und ein ganz Dunkles, also ein Schwarzbier, kann bei weit über 100 EBC liegen bzw. stehen.

Eisbier

Ein Eisbier ist kein Bier am Stiel, besteht auch nicht aus Eis, also gefrorenem Wasser. Sonst wäre es ja auch kein Bier. Das Eisbier wird einfach sehr kalt gelagert und bildet dadurch einen milden und weichen Geschmack aus, es darf eben nur nicht zum Eisblock werden.

Emmerbier

Emmer wird auch als Zweikorn bezeichnet, ist aber kein doppelter Schnaps, sondern eine Weizenart, und zwar eine der ältesten. Aus diesem Emmer braut man ein obergäriges Bier, deshalb heißt es Emmerbier.

Exportbier

Exportbier hat mit dem heutigen Begriff Export nicht mehr viel zu tun. Es ist ein länger haltbares untergäriges Vollbier. Früher wurde es extra stark gebraut, um es dann in andere Städte und Landstriche zu exportieren. Dort wurde es dann mit Wasser verdünnt und zu einem normalen Bier gestreckt. Dann merkten die Einheimischen aber, dass das starke Bier ganz stark schmeckt und tranken es selber.

Fabier

Ein Fabier hat nichts mit dem Brauereigewerbe an sich gemein. Die Fabier waren im vorchristlichen antiken Rom eine der führenden Patrizierfamilien. Einige aus der Sippschaft brachten es immerhin bis zum Konsul und da auch im alten Rom schon so etwas wie Bier getrunken wurde, werden sie das auch getan haben.

Fassbier
Fassbier hat mit Flaschen nichts am Hut. Es sei denn, dass jemand, der ein Fass ansticht, dabei zu viele Schläge braucht und als „Flasche" bezeichnet wird. Immerhin spritzt dann so einiges von dem Bier heraus, das eigentlich getrunken werden sollte. Das wäre dann der „Hammer". Fassbier ist einfach das vom Fass ausgeschenkte Bier, das nicht erst den Umweg über Flaschen und Dosen nimmt, ehe es ins Glas und dann in die Kehle kommt.

Fastenbier
Der Begriff Fastenbier wird in einem Zug ausgesprochen, sonst würde es ja umgangssprachlich „fast en' Bier" heißen. Fastenbier wurde von Mönchen erfunden, die sich in der Fastenzeit ganz einfach flüssig ernährten und dabei ganz fidel waren. Deshalb soll Fastnacht heute schon am frühen Abend manchmal recht lustig sein.

Feierabendbier
Das Feierabendbier sollte nicht schon am frühen Morgen getrunken werden. Es sei denn, man kommt aus der Nachtschicht

oder man hat den ganzen Tag frei. Das wäre dann aber Freibier – nein, eben nicht. Freibier ist wieder etwas Anderes. Ein Feierabendbier trinkt man nach Arbeitsschluss mit Kollegen oder auch allein. Eigentlich dürfte es vom Wort Feierabendbier nur die Mehrzahl geben, denn bei einem Bier bleibt es ganz selten.

Feinbier

Feinbier ist kein Brauereierzeugnis, sondern eine Zeugung von Vater und Mutter Feinbier, die irgendwann vor einigen Jahrzehnten ihren Sohn Marcus zeugten. Marcus Feinbier gab 1987 als 17-Jähriger sein Debüt als Fußball-Profi in der Bundesliga. Er spielte 69-mal für Bayer Leverkusen, und wechselte 1992 zu Hertha BSC nach Berlin. Von dort zog er über den Wuppertaler SV, die Alemannia aus Aachen, die SG Wattenscheid 09, den 1. FC Nürnberg, den LR Ahlen, die SpVgg Greuther Fürth und Fortuna Düsseldorf zur SV Elversberg ins Saarland, wo er seine Karriere beendete. Vermutlich hat ihm das Bier nirgendwo so richtig geschmeckt.

Frauenbier

Frauenbier ist im Allgemeinen nichts für Männer. Als Frauenbier bezeichnet man Biere, denen der kräftige Geschmack fehlt. Frauen trinken aber oft auch leicht süß schmeckende Schwarzbiere. Neuerdings gibt es von ausländischen Erzeugern auch Biere mit Kakao-Geschmack, die als Frauenbiere bezeichnet werden. Aber das interessiert einen Mann nicht die Bohne.

Freibier

Das Freibier an sich ist nicht frei, sondern wie alle anderen Biere auch in Behältnissen wie Fässern, Dosen, Flaschen und Gläsern gefangen. Aber Freibier hat bekanntlich eine Besonderheit, die es von allen anderen Bieren wohltuend abhebt. Freibier ist das einzige Bier, das seit seiner ersten Erwähnung noch nie im Preis gestiegen ist. Freibier hat einen Hauch von Abenteuer und regt zu mehr oder weniger waghalsigen Aktionen an. Wenn es heißt, dass die Getränke aufs Haus gehen, dann steigt man schon mal aufs Dach, allerdings meistens nur dem Spender und das auch nur von seinen nächsten Angehörigen, die nicht sehen wollen, wie ihr Erbteil nicht durch fremde Kehlen fließt.

Galibier

Galibier ist kein Bier aus Gallien, sondern ein Berg in Frankreich. Der Col du Galibier ist mit einer Höhe von 2645 Metern der fünfthöchste asphaltierte Straßenpass in den Alpen. Der von der Tour de France bekannte Berg kommt mit seinen in Prozenten ausgedrückten Steigungen den Prozenten der Stammwürze von Starkbier stark nahe.

Gose

Gose kommt nicht aus der Leipziger Gegend, wo sie heute beheimatet ist. Die Gose stammt ursprünglich aus Goslar und hat sich ihren Namen vom Flüsschen Gose im Harz geborgt, ohne ihn je wieder zurückgeben zu wollen. Als Bier ist Gose aber einzigartig, denn beim Brauen findet zusätzlich noch eine Gärung durch Milchsäurebakterien statt, weswegen das Bier zwar nicht sauer wird, aber so schmeckt. Zusätzlich wird noch Salz zugegeben, wodurch die Gose heraus fällt, aber nur aus dem deutschen Reinheitsgebot.

Haferbier

Haferbier ist kein Bier, das man gern trinkt. Eigentlich ist es nur aus der Not heraus geboren bzw. gegoren worden. Man versuchte aus dem billigen Hafer so etwas wie Bier zu machen, doch das Hafermalz erwies sich als nicht dafür zu gebrauchen, so dass man es mit Gerstenmalz mischte. Das Haferbier war von so geringer Qualität, dass es sich nicht durchsetzte und man den Hafer nicht mehr zu Bier machte, sondern wieder den Pferden zu fressen gab.

Hundebier

Hundebier ist kein Bier, sondern eine Erfindung von einigen Leuten, die scheinbar sonst nichts zu tun haben. Und nun kaufen einige Hundehalter das Zeug sogar. Als Hundebier bezeichnet man eine kraftvolle Rinderbrühe, die mit Malz zu einer Substanz wird, die sogar etwas wie Bierschaum entwickelt – aber nur, wenn man das Behältnis vorher kräftig durchschüttelt. In Deutschland heißt eine Sorte des Hundebiers „Schwanzwedler". Darüber kann man nur den Kopf schütteln.

Jungbier

Jungbier ist im Gegensatz zum Altbier kein Biertyp, sondern einfach nur das noch nicht ausgereifte Bier am Beginn der Nachgärung. Weil Bier letztendlich auch nur ein Mensch ist, könnte man es mit einem Jungbauern auf einem alteingesessenen Hof vergleichen. In dem gärt es auch noch lange nach.

Jopenbier

Jopenbier ist weder unter- noch gärig, sondern wird ohne Hefe in Spontangärung fabriziert. Ursprünglich kommt es aus Danzig und wurde vorwiegend zum Zubereiten von Suppen und Soßen verwendet, also nicht aus Gläsern getrunken, sondern vom Teller gelöffelt.

Kölsch

Kölsch findet man außer in Köln, um Köln und um Köln herum nicht, es sei denn, man hat es sich von dort liefern lassen. Das Kölsch ist durch die gleichnamige Konvention als Marke geschützt, es darf nur dort gebraut werden. Kölsch ist hell, hopfig und obergärig, wie der Kölner selbst auch. Serviert wird das

Bier in sogenannten Stangen, die etwas von zu groß geratenen Urinproben-Röhrchen haben. Wer in Köln also zur Stange hält, trinkt Bier, Entschuldigung: Kölsch.

Kuhbier

Kuhbier wurde Anfang des 14. Jahrhunderts erstmals erwähnt, aber noch nie getrunken. Kuhbier ist eine Ortschaft in Brandenburg. Mit knapp über 200 Einwohnern ist das Dorf einer der 18 Ortsteile der Gemeinde Groß Pankow (Prignitz). Bekannt ist es durch das Musikfestival „Kuhstock Open Air“, das mit dem Slogan wirbt: „Grüne Wiese, blauer Himmel, leckeres Bier. Das sind wir.“

Lagerbier

Lagerbier ist nicht etwa der Biervorrat in einem Lager oder Camp, sondern ein Bier, das schmackhafter wird, weil es beim Lagern reift. Wenn es aber zu lange im Lager bleibt, bekommt es einen Koller, den sogenannten Lagerkoller. Lagerbier ist untergärig, zu ihm gehört auch das letzte, vor Frühlingsbeginn gebraute Bier, das Märzen.

Landbier

Landbier darf nicht nur auf dem Land getrunken werden. Landbier kann auch in einer Stadt gebraut werden. Landbier heißt deswegen so, weil es im Allgemeinen für kontrollierten Anbau und für die Verwendung von Gerste und Hopfen aus der jeweiligen Umgebung steht – falls so etwas dort wächst.

Malzbier

Malzbier hat mit Alkohol nicht viel zu tun. Bei der Herstellung kommt es zu keiner alkoholischen Gärung. Der Grund dafür ist die Hefe, die mit einer Temperatur von 0 Grad Celsius zugegeben wird. Deshalb ist der Hefe viel zu kalt, um irgendetwas zu tun. Sie friert so sehr, sodass sie sich eher zusammenzieht statt aufzugehen. Ansonsten geht Malzbier auch als dunkles obergäriges Vollbier durch.

Milchbier

Milchbier ist kein Hirngespinst, sondern eine Entwicklung aus Japan. Klar, wer auf rohen Fisch steht und von Haus aus Milch in ihrer reinen Form schlecht verträgt, der kommt auf die Idee, Milch mit heißer Luft zu erhitzen und dann Hefe und Hopfen daran zu verschwenden. Das Milchbier soll eine leicht fruchtige Note und einen ungewöhnlichen Nachgeschmack haben – sagen die, die den Trunk überlebt haben. Ob es in Nippon auch Milchbierbauern gibt, ist nicht überliefert.

Mistbier

Mistbier hat nichts mit dem Hier und Heute zu tun. Unsere Altvorderen tranken bekanntlich auch schon Bier, nur wurde es vor einigen Tausend Jahren noch mit Tierdung gemischt. Weil heutige Forscher vor nichts zurückschrecken, brauten sie das Zeug nach und kosteten sogar davon. Es schmeckte gar nicht so sch... Vom Geschmack nach Mist oder Fäkalien war nichts zu spüren. Trotzdem wurde auf eine Wiedereinführung am Markt verzichtet.

Morbier

Morbier ist nicht trinkbar, denn Morbier ist ein französischer halbfester Schnittkäse aus Kuhmilch, dessen besonderes Merkmal ein waagerechter Streifen von Pflanzenasche ist. Ob Bier dazu schmeckt ist dem Käse völlig egal.

Nährbier
Echtes Nährbier gibt es eigentlich nicht mehr. Lange Zeit galt dieses dunkle, alkoholarme und süße Getränk als Stärkungsmittel für Kranke und stillende Mütter. Dazu wurde es erwärmt und oft auch noch mit rohen Eiern verquirlt. Weil heutzutage die Frau aber emanzipiert ist, und die „Eier" hat, richtiges Bier zu trinken, ist das Nährbier am Markt verhungert.

Nubier
Nubier ist keine sächsische Redewendung, mit der man dem Kellner mitteilt, was man gern trinken möchte – „nu, Bier". Dass das antike Volk der Nubier Bier trank, dürfte wahrscheinlich sein, denn die Nubier lebten von Mitteleuropa aus gesehen oberhalb von Oberägypten und dort in Oberägypten brachten damals schon die Ober Bier. Die Nubier stellten eine Zeitlang sogar den Pharao und dem war kein weltlicher Genuss fremd. Die Nubier waren für ihre Bogenschützen berühmt, aber dass diese beim Training auf leere Bierdosen schossen, haben Archäologen noch nicht durch entsprechende Funde nachweisen können.

Ökobier

Das Ökobier dürfte es, seinem Selbstverständnis nach, nicht in Blechdosen geben. Wer ein solches aber findet, sollte es sofort freilassen. Das Ökobier ist ein ganz normales Bier, darf aber nur mit ungeschwefeltem Biohopfen gebraut werden.

Pilsner

Das Pilsner muss schon lange nicht mehr nur aus Pilsen kommen. Ursprünglich stammt es aber, wie der Name schon sagt, aus dieser Stadt. Allerdings war es ein Bayer namens Groll, der es Mitte des 19. Jahrhunderts erstmals braute. Aber deswegen grollt ihm heute in Bayern keiner mehr. Pils ist untergärig, hell, betont den Hopfen und hat einen Schaum, der allererste feine Sahne ist. Pils ist das in Deutschland am meisten konsumierte Bier, und wer es einmal getrunken hat, der weiß auch warum.

Porterbier

Der Name Porter kommt nicht von Port, also Hafen, trotzdem ist das Porterbier vor allem im Ostseeraum verbreitet, aber auch in Sachsen wird es gebraut. Es ist untergärig, malzig, herb und sehr dunkel. Im englischen Sprachraum steht Porter allerdings für ein obergäriges Bier mit weniger Alkoholgehalt. Aber in England ist eben so manches anders.

Pferdebier

Pferdebier ist nicht das Bier, das vom Brauereigaul per Pferdewagen zum Kunden geliefert wird. In manchen Regionen ist Pferdebier eine Bezeichnung für ein Mixgetränk aus Wodka, Apfelsaft und Bier. Wenn man genug davon hat, haut das Zeug auch den stärksten Hengst um.

Radler

Radler ist nicht unbedingt eine runde Sache, sondern wurde aus einer Zwangssituation heraus erfunden. Anfang der 20er Jahre des 20. Jahrhunderts sah sich der Wirt einer Ausflugsgaststätte bei München einer großen Anzahl von Radfahrern gegenüber, die alle auftanken wollten. Er hatte aber nicht genug Bier für alle vorrätig und so was konnte auch damals schon in Bayern sehr böse ausgehen. Also dachte er sich: „Ehe du jetzt am

Rad drehst und gerädert wirst, streckst du nicht dich, sondern das Bier.“ Also schüttete er, ehe die Radler sauer wurden, Zitronenlimonade in das Bier. Weil diese Mixtur überraschenderweise gut und frisch schmeckte, verzichteten die Radfahrer darauf, den Wirt frisch zu machen und gaben so dem Getränk seinen Namen.

Rauchbier

Rauchbier hat nichts mit dem Rauchen zu tun, es schmeckt auch ohne Zigarette. Beim Rauchbier wird geräuchertes Malz verwendet, deswegen schmeckt das Endprodukt ein bisschen wie geräuchertes Fleisch. Aber das werden geborene Vegetarier nie erfahren.

Roggenbier

Roggenbier ist logischerweise kein Weizenbier, wird aber heute meist durch Weizenbierhefe vergoren. Früher war Roggenbier sehr verbreitet, wurde aber später verboten, weil der Roggen an die Bäcker ging, die daraus festes Brot machten. Darüber wurde der Roggen säuerlich und so schmeckt das Roggenbier auch heute noch.

Sambier

Sambier ist kein Bier, das von Uncle Sam in Amerika hergestellt wird. Die Sambier sind ganz einfach die Einwohner des afrikanischen Staates Sambia, so wie die Gambier in Gambia und die Namibier in Namibia leben. Aber auch dort trinkt man Bier.

Schwarzbier

Schwarzbier wird nicht schwarz, also illegal, gebraut. Sonst wäre es ja noch reiner, als das Reinheitsgebot fordert, weil man ja aufpassen müsste, dass neben Wasser, Hopfen und Malz auch noch die Luft rein ist. Schwarzbier ist vor allem in Mitteldeutschland heimisch, logischerweise von schwarzer Farbe und schmeckt sehr vollmundig. Vielleicht wird es deshalb auch gern von Frauen getrunken.

Spezialbier

Spezialbier ist im Prinzip nichts Spezielles, sondern ein kräftiges, würziges, meist helles Vollbier, das zudem noch fein gehopft und ausgewogen ist. Dass es deshalb nach Kilogramm und nicht nach Litern bemessen wird, stimmt aber nicht.

Steinbier

Steinbier heißt nicht so, weil Bier schon seit der Steinzeit getrunken wird. Es ist auch kein spezielles Bier, das man in der Sauna trinkt. Dort gibt es andere Aufgüsse. Bei der Herstellung von Steinbier wird die Maische durch heiße Steine erhitzt. Weil der Zucker dann an den Steinen klebt, werden die nach dem Erkalten in den Sudkessel geworfen. Dort löst sich der Zucker dann und sorgt für einen typischen rauchigen Geschmack. Steinbier findet vor allem in Baden-Württemberg. Dort gibt es ja auch genug Steine.

Schokoladenbier

Weil es in den USA nichts gibt, was es nicht gibt, gibt es dort auch Schokoladenbier. Warum es das gibt, weiß vermutlich nicht mal der Staatsschutz. Bei der Herstellung kommen verschiedene Malze zur Anwendung, die dunkel sind und deshalb Schokomalz genannt werden. Für den Kakaogeschmack sorgen dann die Kerne von Kakaobohnen. Inzwischen gibt es Schokoladenbier auch bei den Schweizern, aber erfunden haben sie es nicht.

Ubier

Ubier ist keine Abkürzung des untergärigen Bieres. Die Ubier waren ein germanisches Volk, das schon zu Zeiten des alten Roms als zivilisiert galt. Vermutlich tranken sie ihr Bier damals schon aus Gläsern. Die Ubier bewohnten die Gegend um den Fluss Lahn. Seitdem soll auch das viel besungene Wirtshaus dort stehen.

Ventspils

Ventspils gibt es nicht im Kasten, hat aber entfernt doch damit etwas zu tun. Ventspils ist eine lettische Stadt, die einen Fußballklub hat. Dieser FK Ventspils ärgerte den Berliner Klub Hertha BSC mal im UEFA-Cup, der jetzt Euroleague heißt. Die Letten schossen beim 1:1 in Berlin ein Mal in den Berliner Kasten und ließen die Herthaner so alt aussehen, dass viele Zuschauer das Bier im Stadion Bier sein ließen und vorzeitig nach Hause gingen.

Zaunbier

Der Chemnitzer Peter Fritzsche brachte vor einiger Zeit seine eigene Marke heraus:

Das Zaunbier. Er nannte es so, weil er bei einem Gespräch mit seinem Nachbarn am Gartenzaun feststellte, dass etwas fehlte – nämlich ein Bier. Gedacht, getan, er ließ sich die Idee schützen und bietet seitdem das von einer Brauerei als Partner gelieferte Bier mit eigenem Etikett an. Es gibt in Sachsen eben nicht nur Streit am Maschendrahtzaun.

Zwicklbier

Zwicklbier hat nichts mit dem Zwickel gemein, obwohl es naturtrüb ist. Das auch Kellerbier genannte Getränk wird direkt nach der abgeschlossenen Gärung ausgeliefert, erfährt also keinen Reifeprozess. Zwicklbier hält nicht lange und sollte frisch konsumiert werden. Vermutlich sagt man deshalb zu jemandem, der keine Reife hat, Frischling.

Zoiglbier

Zoiglbier wird auch Kommunbier genannt, steht aber nicht in Verbindung zum Kommunismus. Zoiglbier ist untergärig, nicht gefiltert und hat wenig Kohlensäure. Weil Zoigl überall etwas anders gebraut wird, hat das Bier Schwankungen im Geschmack und der Konsument schwankt nach dem Trinken, ob es nun gut war oder nicht – oder auch, weil er einfach zu viel davon hatte.

2) Biergeschichte – Vom Fladenbrot bis zur Blechsemmel

Es ist eine alte Mär, dass das erste Bier von Frauen gebraut wurde, dann einige Männer kamen, Hopfen und Malz hinzufügten, und man es erst danach trinken konnte.

Das erste Bier hat man vor etwa 5.000 Jahren in Mesopotamien, im heutigen Irak, gebraut. Der Geschmack soll, aus heutiger Zeit gesehen und um es mal vorsichtig auszudrücken, sehr gewöhnungsbedürftig gewesen sein. So scheint es kein Wunder, dass in dieser Gegend heute der Alkohol verboten ist.

Damals soll ein Bauer seine Fladenbrote vor der Hütte vergessen haben. Als es regnete, erinnerte er sich daran, holte die Brote herein und tat sich, weil er Hunger hatte, daran gütlich. Durch das gegorene Gemisch aus Getreide und anderen Zutaten bekam er einen Rausch und fand den Regen nicht mehr so schlimm.

Im alten Ägypten wartete man gar nicht mehr so lange, bis das Brot fertig war, sondern ließ halbgebackenes Brot mit Nilwasser vergären und erhielt zumindest so etwas Ähnliches wie Bier. Wahrscheinlich kommt daher der Spruch: „Drei Bier sind auch eine Mahlzeit." Aus gleichem Grund nennt man heute eine Bierdose auch Blechsemmel. In unseren Zeiten wird Bier auch in Ägypten anders gebraut, das Nilwasser sieht heute schon selber wie Bier aus.

Auch die alten Römer kannten Bier, bei ihnen galt es aber als Getränk der Unzivilisierten, also aller, die keine Römer waren. Allerdings gibt es dort auch heute noch Biere, die einfach barbarisch schmecken.

Im Mittelalter warf man als Zutaten alles in das Bier, was bei Drei von Baum und Halm gefallen war, bei Zwei wurde geschüttelt. Danach kam die Kirche ins Spiel. Die Mönche kultivierten über die Jahre das Getränk zu dem, was wir heute als Bier kennen und erkennen. Schließlich trat die Obrigkeit auf den Plan. Sie erkannte die Bedeutung des Biers als Volksgetränk und erhob Steuern darauf. Dass es in heutiger Zeit Politiker gibt, die das System so weit vereinfachen wollen, dass eine Steuererklärung auf einen Bierdeckel passt, ist eine andere Geschichte.

Übrigens: Das Wort Steuer kommt vom althochdeutschen „stiura" und bedeutet so viel wie Beihilfe. Und wegen Beihilfe kann man bestraft werden.

Die Herkunft des Wortes Bier hingegen ist nicht eindeutig geklärt. Bei den alten Germanen gab es ähnlich klingende Worte, die für „brauen", aber auch für „Getreide" standen. Sicher ist aber, dass Getränk im Spätlateinischen „biber" heißt.

Sagen wir einfach, dass BIER eine Abkürzung ist, und zwar aus Bekömmlich, Irdisch, Edel und Rein.

3) Biergedicht I

Guter Sitz

Ich sitz' auf einer Kiste Bier.
Die Sonne steht hoch über mir.
Mein Hintern hat 'nen Platten,
Doch sorgt er so für Schatten.

4) Biereinteilung – Arten, Sorten und Gattungen

Bier kann man laut Duden nicht teilen. Aber Einteilen kann man es, und zwar nach verschiedenen Gesichtspunkten. Man unterscheidet in „mein Bier“ und „nicht mein Bier“, also „dein Bier“. Man teilt Bier nach der Sorte der beim Brauen verwendeten Hefe und nach dem Gehalt an Stammwürze in verschiedene Kategorien ein.

Bier ist also nicht gleich Bier. Es gibt ober- und untergärige Biere. Bei den obergärigen Bieren steigt die Hefe währen der Gärung nach oben, bei untergärigen Bieren setzt sie sich ab, aber nicht in irgendein Steuerparadies, sondern nach unten.

Ein besonderes Bier ist das Weißbier-Pils, bei dem sowohl unter- als auch obergärige Hefe zum Einsatz kommt. Es gibt aber auch spontangäriges Bier, bei dem keine Hefe zugesetzt wird. Man wartet einfach ab, bis in der Luft fliegende Hefepilze in den offenen Gärbehälter fliegen und trinkt derweilen in der Wartezeit einfach Tee.

Zudem gibt es auch alkoholfreies Bier, das aber erst seit wenigen Jahren wirklich null Prozent Alkohol hat. Als alkoholfreies Bier gilt jedes Bier, das weniger als 0,5 Prozent hat. Also ist auch Null nicht gleich Null.

Nach dem Gehalt an Stammwürze unterscheidet man nicht in Biersorten, sondern in Biergattungen. Das hat vor allem steuerrechtliche Gründe. Es gibt Einfachbier, das eine Stammwürze von 1,5 bis 6,9 Prozent auf- und ausweist. Weiter geht es mit den Schankbieren von 7 bis 10,9 Prozent, ehe das Vollbier mit einer Stammwürze von 11,0 bis 15,9 Prozent nur noch vom Starkbier mit über 16 Prozent Stammwürze übertroffen wird.

Vor 1993 gab es eine andere Einteilung, die nicht aber alle Prozente erfasste. So hatte Vollbier zum Beispiel eine Spanne von 8 bis 11 Prozent, aber Starkbier begann erst bei 14. Das war eine ganz starke Einteilung, so dass es bis dahin steuerrechtlich auch sogenannte Lückenbiere gab, deren Stammwürzegehalt genau dazwischen lag. Aber der Deutsche ist bekanntlich gründlich, vor allem wenn es um die Steuern geht, so ist auch diese Lücke im

System inzwischen geschlossen und ein Bier darauf getrunken worden.

Natürlich sind auch Biermix-Getränke zu haben, die in letzter Zeit den Markt immer mehr erobern, aber das soll hier nicht unser Bier sein.

5) Zehn Gründe, an denen Sie erkennen, dass Sie total auf Bier stehen:

10)

Sie machen auf Arbeit keine Pausen von einer halben Stunde, sondern von einem halben Liter.

9)

Ihr Kühlschrank hat kein Gemüsefach, sondern viele Flaschenhalter.

8)

Anstoßen ist Ihnen lieber als anecken.

7)

Ihre persönliche Hygiene besteht vor allem aus dem deutschen Reinheitsgebot.

6)

Die Grundelemente sind für Sie nicht Feuer, Wasser und Erde, sondern Wasser, Malz und Hopfen.

5)
Ihre Verbindung zur Natur ist der Biergarten.

4)
Ihr Bierbauch macht jedes Brauereipferd neidisch.

3)
Selbst ihren Kesselgulasch lassen Sie aus einer Brauerei kommen.

2)
Ihre Lebenslinie ist der Eichstrich.

1)
Feste Nahrung ist Ihnen zuwider. Ihr Ernährungsgrundsatz heißt: Lieber eingeschenkt als ausgekocht.

6) Wie wird Bier gemacht? – Die Chemie muss stimmen

Bier besteht laut deutschem Reinheitsgebot, und um nichts Anderes geht es hier, aus Wasser, Hopfen und Malz und Hefe, eine Art heiliger Dreifaltigkeit. Zwischen diesen drei Sachen muss die Chemie einfach stimmen, sonst wird es nichts mit dem Bier.

Am Anfang braucht man Wasser, und zwar mit einer Temperatur von etwa 60 Grad Celsius. Dann wird aus Gerste Malz gemacht. Das heißt, eigentlich passiert das schon vorher, sonst würde das Wasser inzwischen wieder kalt werden.

Das geschrotete Malz kommt in das Wasser und dann geht es ans Rühren, und zwar kräftig. Früher musste man das selber tun, heute gibt es Maschinen dafür. Das beim Rühren entstehende Gemisch nennt man Maische. Dieser Maische heizt man unter weiterem Rühren noch tüchtig ein. Beim Rühren entsteht zwar Reibungswärme, aber die reicht eben nicht aus, um die Maische auf 75 Grad Celsius zu bringen. Diese Temperatur braucht sie mindestens, damit sich die Stärke aus dem Malz in Zucker umsetzt. Wenn die Stärke völlig schwach und süß geworden ist, sich also völlig verzuckert hat, ist die Sache nicht versalzen, sondern auf dem besten Wege, ein Bier zu werden. Dann geht es ans Teilen. Der Treber und die flüssige vergärbare Maische, die ab sofort Würze heißt, werden getrennt. Das nennt man Läutern.

Dabei geht es wie in der Sauna zu. Die Würze wird durch Aufgießen heißen Wassers aus dem Treber geholt und jetzt kommt endlich der Hopfen ins Spiel, der bis dahin unbeteiligt daneben stand und schon langsam grantig wurde. Er kocht jetzt zusammen mit der Würze und zwar im Sudkessel. Nun wird es etwas aggressiv, denn das Ausschlagen ist an der Reihe. Wenn der Brauer ausschlägt, pumpt er nicht nach Luft, sondern den Sud aus der Würze, um Schwebstoffe bzw. Eiweiße aus der Würze zu trennen. Man will am Ende ja schließlich Bier und kein Rührei haben. Im folgenden Arbeitsschritt bekommt die Würze einen Anstellungsvertrag, deshalb spricht man sie ab sofort erstens mit „Anstellwürze“ und zweitens mit „Sie“ an. Sie ist auch sofort cool drauf, weil sie auf die jeweilige Gärtemperatur abgekühlt wird. Oben, also obergärig sind es zwischen 18 und 24 Grad Celsius und unten stellt sich die Anstellwürze bei 8 bis 14 Grad Celsius am besten an. So entstehen untergärige Biere. Es kommt aber nur Bier heraus, wenn jetzt noch die Hefe mitspielt. Das Bier soll am Ende ja ein alkoholisches Getränk sein. Die Hefe setzt den gelösten Zucker zu Ethanol und Kohlendioxid um. Eine CO2-Abgabe muss der Brauer deswegen aber nicht zahlen, denn ein Teil bleibt dem Bier als Kohlensäure erhalten. Dann ist das Bier fast fertig, muss nur noch seine Wut über das lange Eingesperrtsein langsam abbauen, also nachgären. Dann wird es gefiltert, getestet und gekostet. Was davon übrig bleibt, kommt in den Verkauf.

Brauen ist also im Prinzip nur Rühren, Zusetzen, Trennen, Kühlen und Filtern – und trotzdem eine Kunst.

7) **Biergedicht II**

Die Natur des Menschen

Ich hebe das Glas, führ's an den Mund.
Das Bier läuft zischend in meinen Schlund.
Es ist ein Saus, es ist ein Braus.
Doch dann – oh Graus – will das Bier wieder raus.
Aus.

8) Bier von A bis Z – Biermarken

A – Augustiner
B – Bitburger
C – Clausthaler
D – Diebels
E – Einsiedler
F – Freiberger
G – Glückauf
H – Hasseröder
I – Irlbacher
J – Jever
K – Köstritzer
L – Landskron
M – Mauritius
N – Neunspringer
O – Oettinger
P – Paulaner
Q – Quöllfrisch
R – Radeberger
S – Stützpunktpils
T – Tucher
U – Ur-Krostitzer
V – Veltins
W – Wernesgrüner

X – X-Beer 33
Y – *
Z – Zittauer Bürgerbräu

* – Wer ein Bier mit dem Anfangsbuchstaben Y kennt, meldet sich bitte beim Verlag oder schickt ganz einfach eine Flasche davon an uns.

9) Bierbehälter – Flasche oder Dose?

Die Geschichte der Bierflasche und der Bierdose ist im Gegensatz zu der des Bieres an sich noch recht jung. In früheren Zeiten wurde das Bier üblicherweise in Fässern gelagert. Wenn der Familienvater Durst hatte und kein Fass im Hause war, schickte er die Frau mit einer Kanne oder einem anderen Behältnis zum Bierholen in die nächste Gastwirtschaft. Weil aber die Frau unterwegs die Auslagen in den Schaufenstern begutachtete oder ihre beste Freundin traf, war das Bier, als es denn endlich zu Hause ankam, meist schon schal. Oft wurden auch die Kinder zum Bierholen geschickt, doch ein Kind hat nun mal kürzere Beine, kann also nicht allzu schnell laufen. Biermäßig gesehen brachte das den gleichen Effekt. Gut, der Mann hätte auch selbst gehen können, allerdings bestand dann die Gefahr, dass der Mann das ganze Bier schon unterwegs austrinkt oder gleich in der Kneipe hängen bleibt.

Zu Beginn des 20. Jahrhunderts kam dann die Bierflasche auf. Damit war man nun in der Lage, das Bier auch in kleineren Mengen länger haltbar zu machen und vor äußeren Einflüssen wie Schmutz, Staub, Hitze, Kälte oder unbefugtem bzw. vorschnellem Austrinken zu schützen.

Die Bierflasche an sich besteht aus Glas, in dem heutzutage ein Metalloxid für einen gewissen Lichtschutz beigemengt ist. Die meisten Bierflaschen sind braun, weil sie lichtundurchlässiger sind als grüne Exemplare. Grüne Flaschen waren bis in die 50er Jahre und in der DDR bis zum Ende der 80er Jahre verbreitet. Logisch, denn in den 90er Jahren gab es ja keine DDR mehr.

Zudem haben Wissenschaftler, und zwar in nüchternem Zustand, festgestellt, dass das Bier in braunen Flaschen länger genießbar bleibt. Trotzdem schwören einige Brauereien nach wie vor auf die Farbe grün, und das nicht nur, weil Grün nun mal für Ökologie steht. Biermixgetränke bietet man allerdings auch in noch andersfarbigen Flaschen an, damit der Traditionalist unter den Biertrinkern sofort, und ohne auf das Etikett zu schauen, weiß: „Die muss ich stehen lassen."

Unter den Bierflaschen gibt es wie bei den Biertrinkern auch verschiedene Größen. In Deutschland sind 0,33-Liter- und 0,5-Literflaschen am gebräuchlichsten. Aber in der großen weiten Welt findet man alle möglichen Größen, angefangen von 0,25 über 0,33 und 0,66 Litern bis zu einem und mehreren Litern. Man hat auch schon noch größere, übermannshohe Bierflaschen gesehen, die allerdings nur Werbezwecken dienen. Wer aber eine Flasche findet, die weniger als 0,25 Liter fasst, der kritisiert nicht an diesem Buch herum, sondern trinkt sie in einem Zug aus und passt auf, dass er neben dem Inhalt nicht auch gleich noch die Flasche mit verschluckt.

So wie man in Zwickau früher einmal begann, Autos aus Plaste zu bauen, hat man das mit Bierflaschen auch getan. Wer Bier aus einer Kunststoffflasche trinken will, der soll das eben tun. Verschlossen werden die Flaschen üblicherweise mit Kronkorken. Es gibt aber auch Schraubverschlüsse und die gute alte Bügelvariante, bei der das Öffnen am meisten Spaß macht und neben der Nase und den Geschmacksnerven auch das Ohr erfreut.

Der Form halber sei hier noch erwähnt, dass es unter den Flaschen natürlich auch verschiedenen Formen gibt. Bis in die 80er Jahre war vor allem die Euro2-Flasche in Gebrauch, dann stellte man die Abfüllanlagen auf die sogenannte NRW-Flasche um. Seit einiger Zeit wird das edle Bier auch in Langhalsflaschen verkauft, von der Skeptiker aber sagen, dass der Gerstensaft beim Einfüllen in ein Glas übermäßig schäumt. Allerdings hat die Langhalsflasche auch einen Vorteil. Wenn man die falsche Sorte Bier erwischt hat, kann man die Pulle einfach weiter in den Schlund schieben, bis hinter das Zäpfchen, dann schmeckt man die Brühe nicht mehr.

Bier gibt es auch in Büchsen bzw. Dosen, also in den sogenannten Blechsemmeln, zu kaufen. Nachdem seit der Erfindung der Konservenbüchse nur Nahrungsmittel in sie hineingestopft wurden, kam man während der Prohibitionszeit in den USA auf die Idee, auch Getränke einzufüllen. Nach dem Ende des Alkoholverbots 1933 bot man Getränke in Büchsen auch offiziell an. In Deutschland setzte sich zu jener Zeit die

Getränkedose nicht durch, weil das NS-Regime Metalle für die Rüstungsindustrie konfiszierte. Nach dem Krieg eroberte die Dose aber auch Europa.

Zunächst wurde sie aus drei Schwarzblechteilen gefertigt, aus dem Boden, dem Körper und dem Deckel. Ab 1958 setzte sich zunehmend Aluminium durch, dabei bestanden Körper und Boden der Dose aus einem Stück, man musste nur noch den Deckel auffalzen. Vier Jahre später arbeiteten die Hersteller einen Metallstreifen in den Deckel ein, der sich mit der Hand abreißen ließ. Der Biertrinker brauchte kein extra Werkzeug mehr, um die Dose zu öffnen. Damit stand die Bierbüchse auch der nicht arbeitenden Bevölkerung zur Verfügung. Heute reißt man das Metallstück zum Öffnen entweder mit dem darauf genieteten Ring ab oder drückt es einfach in die Büchse. Inzwischen gibt es aber auch schon Dosen mit aufgesetztem Schraubverschluss, die wieder verschließbar sind.

Büchsen sind ebenso wie die Flaschen auch in verschiedenen Größen erhältlich. Diese beginnen ebenfalls bei 0,25 Litern, wo sie enden, kann man nicht genau sagen, da bei fünf oder zehn Litern der Übergang von der Dose zum Fass fließend ist.

Was ist nun besser? Flasche oder Dose? Zunächst steht fest, dass man mit Büchsen besser Fußball spielen kann als mit Flaschen. Diese Aussage ist rein verpackungstechnisch gemeint, sie hat nichts damit zu tun, dass die deutsche Fußballnationalmannschaft der Frauen in letzter Zeit erfolgreicher ist als die der Männer und so mancher männliche Bundesliga-Profi spielt wie … Giovanni Trappatoni hat das schon sehr treffend ausgedrückt.

Die Bierbüchse hat aber nun einerseits das Image der sozialen Unterschicht, ist andererseits aber gegenüber der Bierflasche im Vorteil. Erstens ist die Dose zu 100 Prozent licht- und luftdicht und zweitens optimaler zu transportieren. Experten rechneten aus, dass auf gleichem Raum in Büchsen zweieinhalb mal so viel Bier transportiert werden kann wie in Flaschen.

Das ist ein wichtiger Faktor in Zeiten, in denen Landwirtschaftsexperten daran arbeiten, aus Platz- und Transportgründen quaderförmiges Obst und Gemüse zu züchten.

Da fragt man sich schon besorgt, wann es das erste Bier in Tetrapacks gibt. Beim Wein hat man das schon geschafft.

Für die Werbeindustrie ist die Dose ebenfalls von Vorteil, weil sie direkt bedruckt werden kann und das lästige Etikettenkleben entfällt.

Für die Flasche wiederum spricht der Gewöhnungseffekt. Als Baby bekommt der Mensch und Biertrinker die Milch nun mal aus einem Fläschchen und nicht aus der Büchse – nach dem Stillen wohlgemerkt. Die schönste Verpackung der Muttermilch ist aber nach wie vor die Natürlichste.

Doch zurück zum Bier: Die Frage, ob nun Flasche oder Büchse, muss jeder Biertrinker für sich beantworten. Eines ist aber sicher: Am besten schmeckt ein Bier frisch gezapft aus dem Hahn in das Glas.

Eins noch: Beides, Flasche und Büchse sind Sammelobjekte. Die größte Bierdosensammlung der Welt besitzt mit mehr als 75.000 Dosen aus mehr als 125 Ländern der Welt der US-Amerikaner William B. Christensen aus New Jersey. Doch so weit muss man nicht fahren, der Freiberger Bernd Wolf hat auch schon knapp 15.000 Bierdosen zusammengetragen. Die größte Bierflaschensammlung soll inzwischen auf mehr als 15.000 Stück angewachsen sein. Die findet man bei Peter Broeker im schleswig-holsteinischen Geesthacht. Ungefähr die Hälfte davon soll noch voll sein, also von den Flaschen, nicht von Herrn Broeker. Viel platzsparender ist dagegen die größte Bieretikettensammlung der Welt. Der Norweger Jan Solberg hat über 400.000 davon.

Dagegen kommt nicht mal der Österreicher Leo Pisker an, der knapp 150.000 Bierdeckel besitzt.

Deckel drauf.

10) Bier von A bis Z – Bierbegriffe

A – Alkohol

Alkohol ist angeblich eine der Geißeln der Menschheit. Alkohol bildet sich, wie durch den Film „Feuerzangenbowle“ bekannt, durch die alkoholische Gärung. Beim Bier gärt der in der Bierwürze gelöste Malzzucker. Alkohol (Äthanol) hat die chemische Summenformel C2H5OH, die man sich durch eine Eselsbrücke merken kann. Rückwärts heißt die Formel HO5H2C und bedeutet: „Herr Ober, fünf Helle, zwei Cognac!“

B – Böttcher

heißt nicht nur der eine von uns beiden, sondern Böttcher ist auch ein alter Handwerksberuf. Ein Böttcher fertigt Bottiche und Zuber für das Bierbrauen an. Allerdings ist der Böttcher vom Aussterben bedroht, aber nur der Beruf, nicht der Name.

C – Caramel

Caramel ist keine durch den ägyptischen Sonnengott Ra in der Mitte verlängerte

Camel-Zigarette. Caramelmalz ist ein ganz spezielles Spezialmalz. Durch den Einsatz von Caramelmalz kann man eine höhere Vollmundigkeit und ein malzbetontes Aroma des Bieres erreichen.

D – Dose

Bierbehältnis, das auch gern als „Blechsemmel" bezeichnet wird. Das Wort Dose kommt von Dosis, aber vielen reicht der halbe Liter Bier, der im Allgemeinen in einer Dose ist, als Dosis nicht aus.

E – Etikett

Das Etikett ist manchmal der einzige Unterschied zwischen zwei verschiedenen Bieren. Das Etikett gibt Auskunft, welche Zutaten im Bier sind. Nach dem deutschen Reinheitsgebot sind das immer die gleichen. Das Etikett klebt im Übrigen auf der Flasche und sollte dort auch belassen werden. Inzwischen sind aber manche Flaschen schon fast völlig zuetikettiert – auf dem Hals, am Bauch und auf dem Rücken, also genau dort, wo der Mensch neuerdings Tattoos hat.

F – Filz

Der Filz ist die Bezeichnung für einen Bierdeckel, der aber meist nicht oben auf dem Bierglas liegt, sondern darunter. Es sei denn, es ist Sommer und man schützt sein Bier vor Wespen, die auch nur Durst haben. Ein echter Bierfilz ist übrigens nicht von Pappe, ein unechter schon.

G – Gambrinus

Gambrinus ist ein beliebter Biername, nicht nur in Deutschland, sondern auch in Tschechien, Österreich und Dänemark. Gambrinus ist der Legende nach ein König aus Flandern, der angeblich das Bierbrauen erfunden haben soll und deswegen der Schutzpatron der Brauer sei. Er ist aber nicht der Erfinder, und als Schutzpatron gilt Arnulf von Metz. Vermutlich hat es Gambrinus nie gegeben – im Gegensatz zum gleichnamigen Bier.

H – Hopfen

Hopfen ist neben dem Malz die andere bei katastrophalen Niederlagen aller Art oft verloren gegangene Bierzutat. Hopfen ist eine Kletterpflanze, die zur Familie Hanf gehört und beim Bier für Bitterkeit sorgt, auch wenn noch genug davon da ist. Beim Brauen finden übrigens nur die Dolden der weiblichen Hopfenpflanzen Verwendung. Dass sich die männlichen Pflanzen zum Teufel scheren und der daraus Schnaps macht, ist eine Ente.

I – I

Das I ist der neunte Buchstabe des deutschen Alphabets und wird als römische Zahl eins oft auf den Rand eines Bierfilzes geschrieben, damit man zum Schluss eins und eins zusammenzählen kann.

J – Jackson, Michael

Michael Jackson ist nicht nur der Name des berühmten US-Popsängers, so hieß auch der bekannte britische Bier- und Whisky-Verkoster, der von 1942 bis 2007 lebte.

K – Kasten

Der Kasten oder die Kiste ist ein je nach Größe mit 11, 20 oder noch mehr Bierflaschen bestücktes Behältnis zum Stapeln, Einlagern oder Leeren. Zur Not ist der Kasten auch als Sitzgelegenheit verwendbar.

L – Langhalsflasche

Die Langhalsflasche hat nichts mit dem Okapi, der Kurzhalsgiraffe aus Afrika, zu tun. Die trinkt kein Bier. Die Langhalsflasche hat, wie der Name schon sagt, einen längeren Hals als eine „normale“ Bierflasche, sieht aber edler aus. Das Aussehen ist allerdings Ansichtssache.

M – Malz

Malz ist neben dem Hopfen die andere bei katastrophalen Niederlagen aller Art oft verloren gegangene Bierzutat.

Das Malz ist ein Getreidekorn, bzw. sehr viele davon, das mit Wasser erst zum Keimen gebracht und dann getrocknet wird. Malz gibt dem Bier seine Geschmacksfülle und die Farbe. Malz ist im Gegensatz zum Hopfen völlig geschlechtslos und hat deshalb den sächlichen Artikel „das“. Der Malz hingegen ist in manchen Regionen eine andere Bezeichnung für einen Bonbon, der übrigens die Artikel „der“ oder „das“ haben kann.

N – Neige

Die Neige ist der in einem Behältnis durch nicht vollständiges Entleeren zurück gebliebene

Rest, der schon nach kurzer Zeit nicht mehr schmeckt und im sommerlichen Biergarten oft als Sammelstelle für Insekten genutzt wird, damit die nicht an die vollen Gläser gehen. Die Hauptsache ist aber, dass das Bier an sich nicht zur Neige geht.

O – Ober

Der Ober ist in diversen Kartenspiele die Dame, die über dem Unter steht. In der Gastronomie ist der Ober oft die gefragteste Person im ganzen Lokal, solange es nicht an das Bezahlen geht. Man kann auch Kellner zum Ober sagen, aber „Herr Kellner, ein Bier noch", das klingt irgendwie seltsam.

P – Prozente

Maßeinheit für den Anteil der Wählerstimmen für eine Partei, aber auch für den Alkoholgehalt von Getränken, die nach dem Genuss im menschlichen Blut für Promille sorgen, wenn man sozusagen vom Hundertsten ins Tausendste kommt und einfach nicht nach Hause geht, obwohl man mit den Kollegen wirklich nur ein Feierabendbier trinken wollte.

Q – Quelle
Anfangs- bzw. Ursprungsstelle eines Gewässers. Wer an der Quelle sitzt, hat einen Vorteil, nicht nur beim Wasser, sondern auch bei anderen Flüssigkeiten, zum Beispiel beim Bier.

R – Reinheitsgebot
Das Reinheitsgebot ist das „Grundgesetz" der deutschen Brauer. Es wurde am 23.04.1516 vom bayerischen Herzog Wilhelm IV. erlassen und schrieb für die Herstellung von Bier vor, nur Hopfen, Malz und Wasser zu verwenden. Die Hefe war damals noch gar nicht bekannt. Ausgerechnet die Bayern halten sich deswegen heute nicht an die ursprüngliche Version dieses Gebotes. Das ist eine Sache, die sich gewaschen hat.

S – Stammtisch
Der Stammtisch ist in vielen Lokalen ein alteingesessenes Möbelstück, oft mit einem Wimpel drapiert, an das man erst nach einer langen Kandidatenzeit herankommt, die der Wartezeit auf einen Trabant zu DDR-Zeiten nahe kommt. Der Stammtisch ist zudem

durch seine Reden bekannt, obwohl er selbst gar nicht sprechen kann. Wenn er sich artikulieren könnte, dann hätte er aber viel zu erzählen.

T – Trinkspruch

Der Trinkspruch ist im engeren Sinne völlig unmöglich. Beim Trinken kann man nicht sprechen. Im weiteren Sinne ist er eine kurze Rede beim Erheben des Glases, die so lange dauert, wie der Sprecher das Glas hochhalten kann oder bis die anwesenden Zuhörer meutern. Der Trinkspruch endet mit der Bitte, auf eine Person oder eine Sache das erhobene Glas zu leeren. Meist wird so lange auf die Gesundheit getrunken, bis man am nächsten Morgen krank ist.

U – Umdrehung

Die Umdrehung ist eine andere Bezeichnung für den Alkoholgehalt von Getränken, nach deren Genuss das Gleichgewichtssystem des Trinkenden gestört ist und er das Gefühl hat, die ganze Welt drehe sich um ihn. Leider gibt es auch Zeitgenossen, die das nüchtern so sehen.

V – Verkostung

Die Verkostung ist ein Trinktest, um die dabei gewonnen Eindrücke festzuhalten. Beim Bier ist die Verkostung nicht allzu verbreitet, da der Biertrinker, ähnlich wie der Fußballfan seinen Klub, seine Marke gefunden hat und im Allgemeinen dabei bleibt. Es sei denn, die Getränke gehen aufs Haus. Dann kann er schon mal einer anderen Sorte aufs Dach steigen. Die Ergebnisse einer Verkostung können von „das Beste, das mir je auf den Gaumen gekommen ist", bis zu DEG reichen. DEG steht für Durst, Ekel und Geiz: Der Durst treibt es rein, der Ekel peitscht es runter und der Geiz behält es drin.

W – Würze

Die Würze liegt oft in der Kürze, besonders bei Trinksprüchen. Bei längeren Tischreden wird das Bier oft schaler als die Rede selbst.

X – X

Das X ist die Anzahl der getrunkenen Biere, wenn man sie nicht mehr zählen mag oder auch nicht mehr kann. Aber dann hat man mehr als die zehn getrunken, für die das X als römische Zahl steht.

Y – Yoga

Yoga ist ein aus Indien stammendes philosophisches System der Meditation, mit dem man lernt, unangenehmen Situationen zu begegnen. Das kann zum Beispiel der Fall sein, wenn man Durst hat und kein Bier da ist oder umgekehrt.

Z – Zahlen

Zahlen ist der Hinweis an den Kellner, wenn man beabsichtigt, den Lokalbesuch zu beenden, ohne zum Zechpreller zu werden.

11) Bierbauch – Ab in die Mitte

Drei Bier sind ein Essen, eine komplette Mahlzeit und da sind noch nicht mal die Getränke dabei. Bier ist flüssiges Brot. Sieben Bier sind ein Schnitzel. Solche Sprüche sind bekannt. Allerdings ersetzt das Bier das Essen nicht.

Es gibt Studien, die belegen, dass man mit Bier abnehmen kann. Allerdings darf man dabei nicht mehr als gewöhnlich essen, am besten gar nichts. Nein, wer einmal eine Diät gemacht hat, weiß wie schwer das ist. Bei Bier ist es noch problematischer, fast schon unmöglich, denn Bier verstärkt im Vergleich zu anderen alkoholhaltigen Getränken das Hungergefühl am meisten. Daran ist der Hopfen schuld, weil er eine appetitanregende Wirkung hat.

Bier allein macht also nicht dick. Es ist das Essen, wenn man von den Schwangerschaften der Frauen mal absieht. Doch selbst diese sollen nach neuen Erkenntnissen einen Einfluss auf die Gewichtszunahme der werdenden Väter haben – wenn sie denn wirklich die Väter sind.

Der Bierbauch ist also gar kein Bierbauch, kein Hopfengeschwür, kein Hefespoiler oder Brauereimuskel, sondern eine Fettreserve und die entsteht durch das übermäßige Essen.

Das ist kein Wunder, denn zum Bier werden oft kalorienreiche Nahrungsmittel angeboten. Der Wurstgrill steht auf Volksfesten oft direkt neben dem Getränkewagen gegenüber der Bühne. Deshalb werden solche Vergnügungen auch unter der Sammelbezeichnung „Drei-B-Feste“ verbucht, also „Bratwurst, Bier und Blasmusik“.

Wer Bier trinkt, der sollte auch essen, am besten vorher, denn feste Nahrung ist eine gute Grundlage. Wer weiß denn schon, wann man danach wieder feste Nahrung verträgt. Nein, es ist erwiesen, dass man mit einer soliden Grundlage im Magen mehr Alkohol verträgt. Mit leerem Magen wirkt der Alkohol einfach schneller.

Nun ist ein Bierbauch, auch wenn er eigentlich keiner ist, noch kein Weltuntergang. Durch Bewegung kann man ihn wieder loswerden. Bulimie wäre der falsche Weg, auch wenn die Symptome der Ess-Brech-Sucht durch Alkohol verstärkt werden. Nach übermäßigem Alkoholgenuss sagt das letzte Essen bekanntlich schon gern einmal: „Hicks, da bin ich wieder."

Der Bierbauch, auch Wampe genannt, ist bei manchen Menschen sogar ein Statussymbol. Der US-Schauspieler Johnny Depp meinte einmal: „Ich möchte ein klassischer alter Mann mit Bierbauch werden." Ein Mann ohne Bauch ist laut Volksmund ein Krüppel. Ein richtiger Mann muss zudem auch einen ordentlichen Schatten werfen. Ebenso hat man angeblich lieber einen Bauch vom Saufen als einen Buckel vom Arbeiten. Aber vom Saufen kommt der Bauch eben nicht.

Einige tragen ihren Bierbauch mit Stolz und fragen die mitleidig lächelnden Mitmenschen, wovon sie denn in schlechten Zeiten zehren wollen.

Lasst denen ihren Bauch! Man soll Bierbauchbesitzer auf keinen Fall auslachen, denn sie haben ohnehin schon schwer daran zu tragen. Auf keinen Fall darf man beim Anblick einer so schwer gebeutelten Erscheinung die Worte „Oh Gott, oh Gott" über seine Lippen kommen lassen. Der Dicke könnte sich angesprochen fühlen.

Deshalb sollten letztendlich solche Menschen, wenn sie einen Hund haben, diesen niemals auf den Namen „Bier“ taufen. Wenn zu ihnen jemand „Bierfass“ sagt, könnten sie vom eigenen Hund gebissen werden.

12) Zehn Gründe, an denen Sie erkennen, dass Sie zu viel trinken:

10)

Ihre größte Angst ist es, eines Tages keinen Durst mehr zu haben.

9)

Sie greifen nach jedem Strohhalm ... wenn der nur in einem Gefäß mit alkoholischen Getränken steckt.

8)

Als Grabbeilage wünschen Sie sich eine Kiste Bier.

7)

Andere gehen Schritt für Schritt vor – Sie Schluck für Schluck.

6)

Sie rechnen nicht in Euro und Cent, sondern in Bierflaschen und Leergut.

5)
Der Kellner in Ihrer Stammkneipe erhält kein Trink-, sondern Kilometergeld.

4)
Sie sprechen mehrere Sprachen: Prost, Skol, Cheers, Na sdarowje ...

3)
Sie sind ein astronomisches Wunder – Sie sehen Sterne auch, wenn es bewölkt ist.

2)
Sie fürchten nur eine Bestrafung – Lokalverbot.

1)
Sie fühlen sich wie ein Bigamist, weil Sie Ihre Frau ständig doppelt sehen.

13) Bier und Gesundheit – Dr. Pilsner

Bier, August Karl Gustav, hieß der Chirurg, der die Stauungsbehandlung bei Entzündungen entwickelte. Der Begriff „Biersche Stauung“ ist nach ihm benannt. Die Bezeichnung „Bierherz“, eine starke Vergrößerung des menschlichen Zentralorgans durch übermäßige Flüssigkeitszufuhr, prägte hingegen Otto Bollinger. Der Mann war übrigens kein Chirurg, sondern Pathologe.

Bier in Maßen genossen, ist gesund, in Massen dagegen nicht. Im Bier sind Vitamine enthalten, die zum Beispiel die Blutbildung aber auch die Nervenstärke fördern. Dann hält man es vermutlich auch einige Tage ohne Bier aus, ohne dass das Blut in Wallung gerät.

Nein, Forscher finden ja viel heraus, wenn der Tag lang ist, manchmal sogar Gutes. So kamen Experten dahinter, dass das Vitamin B6 im Bier gut für den Kreislauf ist – im Gegensatz zum Wein. Dass man nach zu viel Bier oder auch Wein den Heimweg nicht mehr findet und orientierungslos im Kreis herum läuft, ist eine andere Geschichte.

Bei urologischen Beschwerden hilft Bier, die Nieren zu spülen und damit Gift aus dem Körper loszuwerden. Bei Gift im Haus oder in der Wohnung muss man andere Methoden anwenden, zum Beispiel der Schwiegermutter nichts mehr zu trinken geben, damit sie endlich geht.

Es heißt auch, dass Bier gut gegen Krebs sei. Allerdings müsste man, um eine wirksame Konzentration der entsprechenden Stoffe zu erreichen, täglich 30 bis 50 Liter Bier trinken. Wer hat schon so viel Zeit?

Bier stärkt ebenso den Muskelaufbau, nicht nur im Schluckapparat. Diese Wirkung ist jedoch meist nur bei den Kellnerinnen in den Biergärten zu beobachten, die die vollen Gläser tablettweise an die Tische schleppen. Auch wer einen oder zwei volle Bierkästen über eine längere Strecke trägt, merkt schnell, dass Alkohol auch gewichtsmäßig eine schwerwiegende Sache sein kann.

Weil nun Experten wirklich viel herausfinden, wenn der Tag lang ist, gibt es zum Thema „Bier ist gesund" natürlich auch gegenteilige Erkenntnisse. So haben zum Beispiel Lebensmittelchemiker das Bier auf seine „angeblich" gesundheitsfördernde Wirkung untersucht und nichts gefunden. Das lag vermutlich an der einseitigen Herangehensweise. Sie hätten das Bier nicht nur untersuchen, sondern auch mal eins davon trinken sollen. Dann wären sie dahintergekommen: Ein halber Liter pro Tag ist auf alle Fälle unbedenklich – und was uns nicht schadet, kann uns nur nützen.

Es gibt übrigens Länder, in denen der Arzt Bier verschreiben kann. Deutschland gehört leider nicht dazu. Schade eigentlich – es wäre doch den Spaß wert, an den Tresen zu treten und zu sagen: „Ich habe hier ein Rezept. Ich nehme die Medizin gleich hier."

Bier hat für Gesundheit und Wohlbefinden nicht nur innere Werte. Man kann es auch äußerlich anwenden. So ist zum Beispiel die Geschichte überliefert, dass im Preußen des beginnenden 19. Jahrhunderts König Friedrich Wilhelm III. feststellte: „Wenn meine Frau tief dekolletiert vor mir steht, erblicke ich wie bei meinem Finanzminister ein ungedecktes Defizit." Also riet er seiner Gattin Louise, täglich einige Biere zu trinken und sich zusätzlich den Busen mit Bier einzureiben, damit er sich mit ihrem Anblick brüsten könne. Sie tat es und es soll tatsächlich geholfen haben.

Aber schon im ausgehenden Mittelalter rieben sich die Hofdamen an Europas Herrscherhäusern Gesicht und Haut mit Bierschaum ein. Vermutlich hatte das weniger kosmetische Zwecke, es sollte wohl vielmehr den Geruch überdecken. Dic Körperreinigung war zu jener Zeit nicht so sehr in Mode. Damals wurde zwar das berühmte Reinheitsgebot erlassen, doch das bezog sich nur auf das Bier.

Heutzutage ist das anders. Heute kann man in Bier baden. Man sitzt oder liegt etwa eine Stunde in einer mit Bier gefüllten Wanne und fühlt sich hinterher wie neugeboren – allerdings nur, wenn man in dieser Stunde nicht den Inhalt der Wanne ausgetrunken hat.

Ist Bier nun gesund? Wie man es nimmt, wie man es auch dreht, irgendetwas wird an der Sache schon dran sein. Nur muss man es trinken. Hopfen ist nämlich ebenso wie Cannabis ein Hanfgewächs. Und früher wurde der Hopfen auch geraucht.

Apropos Rauchen: Bier zu trinken ist auf alle Fälle ungefährlicher als das Rauchen. Es ist schon so mancher ein Opfer der Flammen geworden, weil er mit brennender Zigarette eingeschlafen ist. Aber noch keiner ist ertrunken, weil ihn die Müdigkeit beim Saufen übermannte.

Schließlich sagte bereits der Philosoph Plutarch im alten Griechenland: „Bier ist unter den Getränken das Nützlichste, unter den Arzneien die Schmackhafteste, unter den Nahrungsmitteln das Angenehmste." Er hat das natürlich auf Griechisch gesagt, aber wenn man den Übersetzern traut, kann man ihm Recht geben. Der Mann soll immerhin das für damalige Verhältnisse biblische Alter von 80 Jahren erreicht haben.

14) Biergedicht III

Berufswahl

Wenn der Brauer braut,
Und der Bauer baut,
Dann, so wird es erzählt,
Hat einer den Beruf verfehlt.

15) Bierblau – Synonyme für Bier

Wer, was auch mal vorkommen kann, zu viel Bier genossen hat, der ist nicht nur betrunken, sondern auch:

alkoholisiert, besoffen, stockbesoffen, sturzbesoffen, blau, voll, hackevoll, randvoll, sternhagelvoll, abgetankt, zugetankt, vollgetankt abgefüllt, zugefüllt, schwerst angeheitert, dun, dicht, hackedicht, zu, trunkig, trunken, beduselt, benebelt, breit, angetütert oder überhopft.

Man nennt ihn dann nicht nur einen Trinker, sondern auch:

Säufer, Spritkopf, Schnapsdrossel, Alki, Don Promillo, Trunkenbold oder Schluckspecht.

Zu Bier kann man auch sagen:

Hopfenblütentee, Gerstenkaltgetränk, Gerstensaft, Weizen, Hopfenkaltschale, Brauereitee, Molle, Flüssigbrot, Hopfenschorle, Maurerbrause, Assi-Schampus, Pilsette, Magenbalsam oder Bölkstoff.

Der Bierbauch heißt auch:

Wampe, Wamme, Ranzen, Brauereikessel, Mollenfriedhof, Brauereimuskel, Dickplauze, Hopfenspoiler, Bierbunker, Hefegeschwür, Rettungsring oder Koffer.

16) Biertemperatur – Kühlschrank oder Ofenbank

Wann ist ein Bier richtig temperiert? Es gibt ja nichts, das Experten noch nicht untersucht hätten. Also haben sie auch die optimale Trinktemperatur verschiedener Biere ermittelt. Ein Pils schmeckt demnach bei 7 bis 9 Grad Celsius am besten. Die anderen Sorten liegen alle in ähnlichen Bereichen, so um die 6 bis 10 Grad Celsius. Man muss das Bier aber nicht so trinken, man kann dabei auch unter- und übertreiben. Allerdings: Wenn das Bier zu kalt ist, rebelliert der Magen. Wenn es zu warm getrunken wird, ist das zwar gut für die Nieren, aber die Leber findet es nicht gerade cool. Nein, das muss jeder selber wissen. Der Eine mag es kühler, der Andere eben etwas wärmer.

Jedem kann man es ohnehin nicht recht machen. Deshalb gibt es in Gaststätten die Bierkühler, also Zapfanlagen mit integrierter Kühlanlage und auf der anderen Seite aber auch Bierwärmer. Das sind Metallzylinder, die mit warmem Wasser gefüllt und in das

Glas gehängt werden. Bierwärmer gibt es auch in der elektrischen Variante. Nun könnte man, wenn man Bierkühler und Bierwärmer am gleichen Stromanschluss hat, auf die Idee kommen, beide Stecker herauszuziehen und so Energie zu sparen. Aber warum einfach, wenn es auch umständlich geht? Wie gesagt: Jedem kann man es nicht recht machen.

Es soll Lokalitäten geben, in denen das Bier knapp über dem Gefrierpunkt, der je nach Sorte bei -2 oder -3 Grad Celsius liegt, ausgeschenkt wird. Aber dann schmeckt man nur die Kälte und nicht das Bier, und um das Bier geht es ja schließlich. Sonst könnte man ja gleich Eisstücke lutschen. Dann schlägt der Frost schnell mal in Frust um.

Apropos Eis: Es gab mal den Versuch, Bier am Stiel, also tiefgekühlte sogenannte Zapfen, anzubieten. Aber der Geschmack soll nicht überzeugt haben, so dass man die Sache wieder auf Eis legte.

Bier legte man früher zur Lagerung auf Eis. Doch heute gibt es Kühlschränke. Allerdings muss man dabei aufpassen. Wenn Bier unter zwei Grad Celsius gelagert wird, gefriert es zwar nicht, aber es kann sich eine

Kältetrübung einstellen. Wenn man das rechtzeitig merkt, ist das Bier noch zu retten. Wenn die Kälte aber länger auf das Bier einwirkt, wird es nicht nur trübe, sondern auch bitter und schmeckt nicht mehr.

Übrigens verträgt das Bier keine abrupten Temperaturwechsel. Wenn es direkt aus dem Kofferraum eines überhitzten Autos in den Kühlschrank kommt, wird es krank. Schließlich ist so ein Bier auch nur ein Mensch und der bekäme bei gleicher Behandlung auch Kreislaufprobleme.

Dagegen würde dann vermutlich ein Bier helfen, aber in der richtigen Temperatur. Welche das ist, muss jeder selbst wissen oder herausfinden.

17) Bier und Bayern – Da braut sich was zusammen

Es gibt in Deutschland Regionen und Volksstämme, die ihr eigenes Nationalgetränk haben. Bei Ostfriesland denkt man nicht nur an Witze über die Bewohner und an Otto Waalkes, sondern auch an Tee. Für Baden-Württemberg, die Moselregion und Rheinhessen steht Wein, für Sachsen Kaffee und für Bayern Bier – Weißbier, um genau zu sein. Das heißt aber nicht, dass die Bayern keinen Kaffee und Sachsen kein Bier trinken würden. Im Gegenteil, die Sachsen liegen beim Pro-Kopf-Verbrauch an Bier knapp hinter Bayern.

Beim Bier kommt man an Bayern eben nicht vorbei. Nicht nur, dass beides mit einem „B" beginnt, die Sache ist schon geschichtlich bedingt. Bier wurde früher vorwiegend in Klöstern gebraut, und davon gab es in Bayern am meisten. Manche stehen heute noch. Das nachweislich älteste Kloster, in dem Bier gebraut wurde, ist übrigens Weihenstephan.

In Bayern konzentriert sich das Bier vor allem auf das oberfränkische Gebiet um

Bamberg und Kulmbach, deshalb wird die Gegend auch Bierfranken genannt. Dort gibt es auch heute noch die größte Brauereidichte der Welt. Da braut sich also immer noch etwas zusammen. Es gibt dort auch eine Bierstraße, die quer durch das Land führt, aber die ist ganz normal geteert und nicht etwa mit Hopfen und Malz belegt.

Johann Baptist Metz, ein katholischer Theologe, der Ende der 60er und Anfang der 70er Jahre Konsultor des päpstlichen Sekretariats für die Ungläubigen war, sich also durchaus mit weltlichen Dingen auskannte, sagte: „Der Bayer hat ein irdisches Verhältnis zur Religion und ein mystisches zum Bier." Vermutlich hat man deswegen nach der Wahl von Kardinal Ratzinger, also Papa Ratzi, zum Papst ein Papstbier auf den Markt gebracht. Im Prinzip hat der Pfarrer aber Recht: Der bayerische Freistaat beruht auf drei Säulen. Das sind Weißwurst, Weißbier und weiß Gott.

Wer an Bayern und Bier denkt, dem kommt natürlich das Münchner Oktoberfest in den Sinn. Das ist zwar eine urbayerische Institution, aber der Auslöser kam aus

Sachsen. Wenn am 17. Oktober 1810 Prinzessin Therese von Sachsen-Hildburghausen zu Ludwig von Bayern nicht „ja“, sondern „nein“ gesagt hätte, wäre das Pferderennen zur Hochzeit ausgefallen und die Bayern würden ihr Maß heute noch im stillen Kämmerlein trinken, ohne sich dazu auf die Schenkel zu klopfen und die Theresienwiese würde heute vielleicht „Zenzi-Rasen“ heißen. Aber das Sachsenmädel hat „ja“ gesagt und so entwickelte sich im Laufe der Zeit die jährliche Feier des Hochzeitstages zu dem Oktoberfest, das wir heute kennen. Dass es schon im September beginnt, kann nicht verwundern. In Bayern gehen die Uhren bekanntlich anders, warum sollte es beim Kalender dann nicht das Gleiche sein?

Dabei wurde in den Anfangszeiten des Festes auf der Theresienwiese nicht mal Bier ausgeschenkt. Das wurde erst erlaubt, als die Münchener Stadtverwaltung das bis dahin privat finanzierte Fest selbst in die Hand nahm. Sie ließ Bretterbuden aufstellen, in denen das Bier gezapft und verkauft wurde. Um 1900 herum wurden die Buden abgerissen und die noch heute üblichen Großzelte aufgestellt. Seitdem gibt man dort richtig „Stoff“.

Man sagt in Bayern auch fast nur „Wies’n“ dazu. Vermutlich ist das Wort „Oktoberfest“ zu lang und nach einigen Maß Bier auch zu schwer auszusprechen. Im Prinzip ist die „Wies’n“ nicht nur nach Ansicht der alteingesessenen Münchner, sondern auch nach Meinung dorthin gezogener Sachsen schon lange kein Münchener Volksfest mehr, sondern das größte internationale Massenbesäufnis der Welt. Jahr für Jahr pilgern um die sechs Millionen Menschen auf das Festgelände und trinken mehr als fünf Millionen Liter Bier. Das ist nicht mal ein Liter pro Nase, der Umsatz wäre also durchaus noch zu steigern. Aber vielleicht füllt man sich als Grundlage den Magen einfach zu viel mit Henderln oder Ochsen vom Spieß, so dass man nach dem Essen erstaunt feststellt: „Oh, für das Bier ist jetzt kein Platz mehr.“

Die wahre Bierkultur in Bayern findet man ohnehin nicht auf dem Oktoberfest, sondern in den Biergärten in Stadt und Land. Die Biergartenkultur der Bayern ist international bekannt. Es kann auch gar nicht anders sein, wenn man feststellt, dass der bekannteste Biergarten in München ausgerechnet der am Chinesischen Turm im Englischen Garten ist.

„Biergärten sind wichtige Vollzugsanstalten der bayerischen Trink- und Sozialkultur", stellte ein Jurist namens Martin Bauer fest. Damit liegt er nicht so ganz daneben. Eine Besonderheit ist auch, dass man sein Essen, seine „Brotzeit", mit in den Biergarten nehmen kann. Das ist der Historie geschuldet. Die Biergärten gehörten früher zu den Brauereien, die ihre Produkte nicht erst an die Wirte, sondern direkt an die Durstigen verkaufen wollten. Dafür bekamen sie die Lizenz, die Ausgabe von Speisen war ihnen jedoch verboten. Das ist inzwischen lange nicht mehr so, aber wenn man eines über die Bayern sagen kann, dann: „Tradition bleibt Tradition". Oder anders ausgedrückt: „Mia san mia."

Aber auch in Bayern gibt es Veränderungen, wie schon Karl Valentin feststellte: „Die Zukunft ist auch nicht mehr das, was sie mal war." Inzwischen ist selbst Weihenstephan außerhalb Bayerns eher durch seine Milchprodukte bekannt.

Aber Karl Valentin hat die gesamte Biersache in einem Satz zusammengefasst, mit dem wir das Thema abschließen: „Leute, versauft's net euer ganzes Geld! Kauft lieber Bier dafür."

18) Biersucht – Zu viel ist zu viel

Ein Bierchen zu trinken ist ein Genuss. Allerdings kann man auf einem Bein bekanntlich nicht stehen und trinkt man ein zweites Glas. Wenn dieses nun aber in das gleiche Bein geht wie das Erste, braucht man noch zwei davon, um wieder ins Gleichgewicht zu kommen. Dann sind es der Biere schon viere.

Ein Mal ist kein Mal, deshalb sollte man zumindest einmal im Leben einen über den Durst trinken, schon um zu wissen, was ein ausgewachsener Kater am nächsten Morgen ist.

Es ist eine interessante Erfahrung, wenn man für den einfachen Weg mehr als die doppelte Strecke braucht, weil man nur noch im Zick-Zack-Kurs vorwärts kommt, und das auch nur noch im Kreis. Man vergisst nicht, wie man mit einem Hydranten sprach und sich nicht einmal wunderte, dass der nicht antwortete. Man kann nach einer Weile auch über den erlittenen Getränkeunfall lachen, als sich nach dem Nachhausekommen beim Öffnen der Schlafzimmertür alles drehte, man wartete, bis das Bett vorbei kam und dann einfach lossprang.

Es ist vielleicht auch noch lustig, wenn man sich am späten Mittag mit den Leuten trifft, die am Abend vorher bei der Fete dabei waren und aus den einzelnen Bruchstücken das Gruppenbesäufnis des vergangenen Tages rekonstruiert. Wenn jeder seinen Teil dazu beitragen kann, stärkt das eventuell sogar das Gemeinschafts- und Zusammengehörigkeitsgefühl. Aber von zu vielen Filmrissen geht irgendwann die Kamera kaputt. Das gilt auch im Zeitalter der digitalen Fotografie.

Sicher verträgt der Eine mehr und der Andere weniger. Das ist auch genetisch bedingt. Man hat in Moskau bei Untersuchungen entdeckt, dass es ein sogenanntes asiatisches Gen gibt, durch das manche Menschen einfach mehr Alkohol vertragen. Wie man das herausfand, ist nicht überliefert. Vielleicht hat bei der Untersuchung das Gen in der Schnapsleiche noch gezuckt. Der Mann war schon tot, hatte aber noch Durst.

Nein, der Spaß hört auf, wenn am Morgen danach im Kopf vier klassische Konzerte gespielt werden und die CD mit der „Sinfonie mit dem Paukenschlag" einen Kratzer hat und sich der Schlag immer wiederholt.

Eine gewisse Weile tut man den Kater noch als Haarwurzelkatarrh ab, aber wenn man jeden Morgen einen ausgewachsenen Kater hat, ist das falsch verstandene Tierliebe. Es ist auch für den Rücken nicht gut, jeden Morgen statt im Bett unter einem Tisch zu erwachen. Aber das muss jeder selbst wissen.

Sicherlich hat US-Show-Legende Dean Martin mal gesagt: „Wer auf dem Boden liegen kann, ohne sich festhalten zu müssen, der ist noch nicht betrunken." Aber man kann ja nicht alles annehmen, was aus Amerika kommt.

Sicherlich stimmt es, dass Betrunkene die Wahrheit sagen. Aber es bringt niemandem etwas, wenn man sie dann nicht mehr versteht, weil der Betroffene nur noch lallt und sich nicht mehr verständlich ausdrücken kann.

Und die Moral von der Geschicht:
Nur Flaschen lassen sich volllaufen.

19) Biergedicht IV

Der Kater

Ein Bierchen in Ehren kann niemand verwehren.
Doch wenn sich die Gläser zu sehr vermehren,
Dann zieht man rasch seine Lehren,
Und kann noch lang davon zehren.

20) Bier und Sport – Flasche leer

Es gibt Sportarten wie Maßkrugstemmen, Bierglasschieben und Bierkastenstapeln, sogar mit eigenen Meisterschaften und Rekorden, vom Maßtrinken mal ganz abgesehen.

Inzwischen liegt die Bestleistung beim Maßkrugstemmen bei einer so langen Zeit, in der das waagerecht nach vorn gehaltene Bier schal wird und hinterher nicht mehr schmeckt. Und wer Bier in Rekordzeit hinunterstürzen will, der soll das tun. Mit genüsslichem und gemütlichem Trinken hat das nichts zu tun.

Nein, an dieser Stelle soll es einfach um den Zusammenhang zwischen Bier und Sport gehen. Dabei kommt man am Volkssport Nummer zwei – und das ist Fußball nach dem Spitzenreiter Steuerbetrug nun einmal – nicht vorbei.

Dass Bier zum Fußball gehört, zeigen schon die Namen einiger bekannter deutscher Spieler der ferneren und jüngsten Vergangenheit. Da kickten nicht nur Feinbier, Bierofka und Bierhoff, sondern auch die Herren Malzkorn, Kipp, Faß und Rausch. Es gab natürlich auch einen Mann namens Sparwasser, dessen berühmtes Tor 1974 zum 1:0 Sieg der DDR über die BRD sich hinterher als Eigentor für die ostdeutsche Mannschaft herausstellte. Die Westdeutschen kamen durch die Niederlage in die leichtere Finalrunde und holten bekanntlich den Weltmeistertitel. Und das, obwohl sie in der Vorbereitung dem Vernehmen nach mehr Bier getrunken hatten als die DDR-Spieler.

Die Verbindung zwischen Fußball und Bier begann schon sehr früh. England ist bekanntlich das Mutterland des Fußballs und der englische Verband, die Football Association, wurde 1863 gegründet – und zwar in einem Pub. Seitdem sind Bier und Fußball nicht mehr zu trennen. Das kann man in jedem Stadion beobachten, wenn die Fans nach einem Erfolg der eigenen Mannschaft siegestrunken und bierselig sind und die Anhänger des gegnerischen Teams ihre Enttäuschung hinunter spülen. Pro Bundesligaspiel, so haben Statistiker errechnet, werden in deutschen Stadien mehr als 5.000 Liter Bier verkauft.

So blieb es nicht aus, dass die Brauereien nicht nur auf den Banden, sondern auch auf den Trikots der Spieler werben wollten. Anfangs sperrte man sich noch, die UEFA verbot die Bierwerbung zwischenzeitlich. Aber seit ein großer Brauereikonzern den europäischen Fußballverband finanziell unterstützt, darf zum Beispiel der FC Liverpool mit dem Schriftzug jener Firma in der Championsleague auflaufen. Die Brauerei verkaufte übrigens bei der Europameisterschaft 2008 in Österreich und der Schweiz allein in den Fanzonen mehr als eine Million Liter ihres Bieres. Es ist also ein beiderseitig gutes Geschäft.

Aber auch im deutschsprachigen Raum funktioniert das. In Österreich gibt es die Puntigamer Liga. Allerdings versucht hier ein anderes Getränk dem Bier den Platz streitig zu machen, und das nicht ganz ohne Erfolg. Immerhin schießt Geld doch Tore, und so wurde Red Bull Salzburg schon einmal Meister im Alpenland. Inzwischen versuchen die Österreicher das auch in Deutschland. Weil man aber in Deutschland ein Team nicht nach einer Firma benennen kann, die Ausnahmen Bayer Leverkusen und Carl Zeiss Jena bestätigen diese Regel, hat man das Team eben RasenBall Leipzig genannt. Aber der Schuster bleibt bei seinen Leisten und so heißt die Sachsenliga eben Wernesgrüner Sachsenliga.

Viele Brauereien holen sich auch Anregungen aus dem Bereich des Fußballs. Wo es früher fast ausschließlich 20er Bierkästen gab, werden heute auch 11er Kästen ausgeliefert, mit der alten Fußballer-Weisheit: „Das Runde muss ins Eckige." Gut, das Six-Pack gibt es auch, jetzt warten wir nur noch auf den Hattrick, den Dreierkasten und aufs Doppelpack.

Aber Bier zum Fußball wird nicht nur im Stadion getrunken, sondern auch zu Hause vor dem Fernseher. Dabei kann dabei die Erfindung eines Amerikaners ganz nützlich sein. Der Mann hat sich einen Kühlschrank gebaut, der ihm in regelmäßigen Abständen eine gekühlte Dose Bier aufs Sofa wirft.

Eines sollte man bei einem Fußballspiel vor dem Fernseher aber beachten. Wenn es ein Ausscheidungs-, also K.o.-Spiel ist, sollte man darauf verzichten, zusätzlich zum Bier bei jedem Tor einen Schnaps zu trinken. Das geht beim Elfmeterschießen selten gut.

Aber nicht nur Zuschauer und Fans trinken zum Fußball gern mal ein Bierchen, auch die direkt Beteiligten sind aktiv dabei, meist aber erst nach dem Spiel. Die Bierdusche nach einem Pokalsieg oder dem Erringen der Meisterschaft ist schon eine feste Größe. Seit sich durchgesetzt hat, dass das Siegerteam aus dem eben gewonnen Pokal Bier trinkt, werden die Pötte immer größer – allerdings auch immer hässlicher. Aber das hat nichts mehr mit dem Bier zu tun.

Fast alle Fußballer trinken Bier, mancher weniger, mancher mehr und einige zu viel. Unter den Letztgenannten sind oder waren auch einige der genialsten Spieler, vor allem Engländer, wie zum Beispiel die Nationalmannschaftskapitäne Bryan Robson und Tony Adams. Während diese ihren Durst im Prinzip unter Kontrolle hatten, war es bei Paul „Gazza" Gascoigne anders. Er versaute sich damit den zweiten Teil seiner Karriere. In Deutschland gab und gibt es auch einige Spieler, die ohne spezielles Zielwasser nicht auf den Platz gehen, deren Namen hier verschwiegen werden sollen.

Einige Profis haben nach oder auch schon während ihrer Karriere eigene gastliche Stätten mit Alkoholausschank eröffnet, wie zum

Beispiel Günter Netzer mit seiner Diskothek in Mönchengladbach, aber auch einige absolute Weltstars wie Zinedine Zidane und Luis Figo. Dass das Lokal von Zidane „Kopfnuss" heißt, ist allerdings eine Lüge.

Es gab und gibt auch Schiedsrichter, die durch ein oder mehrere Bierchen vor dem Spiel ihre Sehkraft verdoppeln möchten. Ein deutscher Vertreter der schwarzen Zunft schaffte es sogar, die erste Halbzeit eines Spiels schon vor der 40. Minute abzupfeifen. Vermutlich hat es der Herr namens Wolf-Dieter Ahlenfelder vor lauter Durst nicht mehr länger ausgehalten. Hinterher meinte er noch zur Begründung: „Wir sind Männer und trinken keine Fanta."

Natürlich kommt man bei so einer Betrachtung auch nicht an den Trainern vorbei. Der Österreicher Ernst Happel, der den HSV in den Jahren 1982 und 19834 zum Meister machte und 1983 mit den Hamburgern den Europapokal der Landesmeister gewann, war nur indirekt betroffen. Ihm widmeten die HSV-Fans ein Gebet, in dem sie ihn bitten, ihnen ihr Bier zu vergeben. Dafür wollten sie ihren Brauereien verzeihen. Vermutlich war das Bier im Hamburger Stadion damals nicht allzu schmackhaft. Auch Happels Landsmann Max Merkel wusste das Bier indirekt einzusetzen. Der Legende nach ließ er sein Team im Training einmal gegen elf Bierfässer antreten, die er vorher auf dem Platz verteilt hatte. Als es dann 3:0 für die Bierfässer stand, soll er das Training vorzeitig beendet haben. Aber das ist bestimmt nur Fußballer-Latein.

Wahr hingegen ist, dass einer der Vorgänger Happels beim HSV, ein Herr namens Branko Zebec, von den Hamburgern entlassen wurde, weil er bei einem Auswärtsspiel einen Blutalkoholwert hatte, mit dem Nichttrainierte von der Bank gefallen wären. Von ihm erzählt man sich auch, dass er sich einmal, vermutlich ebenfalls nicht ganz nüchtern, darüber mokierte, dass ein gegnerischer Stürmer im Strafraum so sträflich frei schießen konnte. Weil Alkohol manchmal auch das Gehör angreift, hatte Zebec vorher nicht bemerkt, dass der Schiedsrichter auf einen Strafstoß für den Gegner entschieden hatte. Unerhört, so etwas.

Und dann ist da auch noch Giovanni Trappatoni, der zwar kein Bier, aber immer ein Fläschchen mit geweihtem Wasser dabei hat. Seine legendäre Pressekonferenz vom März 1998 ging in die Geschichte ein. Sein Ausdruck „Flasche leer“ ist heute zum allgemeinen Sprachgebrauch geworden. Immerhin setzte er damit auch die Naturgesetze außer Kraft. Eigentlich ist es physikalisch unmöglich, durch eine leere Flasche ein Fass zum Überlaufen zu bringen. Aber er hat es geschafft. Was nicht so bekannt ist: Als er fertig hatte und schon hinausgegangen war, wollte er noch einmal zurück, weil ihm noch etwa eingefallen war und er das noch sagen wollte. Doch die Verantwortlichen des FC Bayern München hielten ihn davon ab. Vermutlich gaben sie ihm erst mal ein Weißbier zur Beruhigung, aber bestimmt nicht in einer Flasche.

Nicht nur in der Bundesliga hat das Bier seinen Platz. Fußball ist nun mal ein Volkssport, Bier ein Volksgetränk, das kann man nicht trennen. Von Zeit zu Zeit melden sich Politiker, meist gesundheits- oder sportpolitische Sprecher ihrer Fraktionen, zu Wort und kritisieren, dass in deutschen Sportvereinen zu viel getrunken wird. Aber viele Freizeitmannschaften spielen nun mal aus Spaß an der Freude um einen Kasten Bier oder auch zwei. Die bekommt dann der Sieger, aber nur dann, wenn er dem Verlierer einen davon abgibt. Dort, wo der Fußball noch nicht vom Geld verdorben ist, wo er noch ein wirkliches Freizeitvergnügen ist, gibt es Thekenmannschaften, die in einer Kneipe gegründet wurden – so wie damals der englische Verband. Nur heißen sie nicht Football Association, sondern Egal Madrid, Juventus Urin, Hertha BSE, Kasten Leer oder auch Dynamo Tresen und Wismut Haue. Da war bei der Namensfindung auch das eine oder andere Bier mit im Spiel.

Allerdings geht es auch härter: Den russischen Fußballfans, die am 09.09.2009 ihre Nationalmannschaft zum WM-Qualifikationsspiel gegen Wales nach Cardiff begleiteten, wurde von offizieller Seite empfohlen, wegen der Schweinegrippe viel Whisky zu trinken. So hart ist das Leben im heutigen Russland. Dort traut man inzwischen nicht mal mehr dem einheimischen Wodka eine desinfizierende Wirkung zu.

Es gibt natürlich auch Sportarten, in denen Alkohol überhaupt keine Rolle spielt, wie zum Beispiel Schach – dachte man zumindest, bis jener Großmeister mit einem russischen Namen volltrunken zu einem Turnier erschien. Weil in den Schachregeln aber nichts davon zu finden war, durfte er antreten bzw. ansitzen. Als er dann am Tisch einschlief, war das Problem ausgesessen. Er wurde wegen Zeitüberschreitung bei seinem Zug disqualifiziert. Vermutlich hatte er vorher an der Flasche einen zu großen Zug.

Flasche leer. Thema hat fertig.

21) Bierliebe – Die Libido geht nicht K.O.

Bier und Sex sind zwei völlig verschiedene Dinge, die man nicht miteinander vergleichen oder sogar gegeneinander aufwerten sollte. Ein Hesse hat das im Jahr 2008 mal versucht und seine Lebensgefährtin für einen Kasten Bier pro Tag an seinen Nachbarn verkauft. Beide wurden dafür zu Recht verurteilt.

Sicherlich ist es richtig, dass Bier niemals Migräne und erst recht keine streitsüchtige Mutter hat, aber was soll das? Es gibt auch das Gerücht, dass der deutsche Mann der einzige auf der Welt ist, der es fertig bekommt, über ein Dutzend nackter Frauen zu steigen, nur um an eine Flasche Bier zu gelangen. In den USA scheint das etwas anders zu laufen. Im Staat Pennsylvania existiert noch ein Gesetz, nach dem es Männern verboten ist, ohne schriftliche Genehmigung ihrer Gattin Bier zu kaufen. Allerdings ist es zweifelhaft, ob die Einhaltung dieses Gesetzes kontrolliert wird.

Dabei fördert Bier das Liebesleben. Dazu gibt es weltweit die verschiedensten wissenschaftlichen Untersuchungen. Man fand zum Beispiel heraus, dass Bier bei jeder dritten Frau sowie jedem zweiten Mann die Lust am Sex steigert. Ein tschechischer Experte behauptet sogar: „Wenn Männer zwei Bier am Tag trinken, bleiben sie länger potent."

So weit unsere Nachbarn im Süden. Ganz so schlimm steht es aber mit dem deutschen Mann nun auch wieder nicht. Eine Zeitungsumfrage ergab, dass sich nur jeder achte Mann bei einer Wahl zwischen Bier und Sex für das kühle Blonde entscheidet. Allerdings ist nicht überliefert, ob die Frauen bei dem Test auch kühl und blond waren.

Apropos blond: Eine brasilianische Brauerei versuchte im Jahr 2010, den Absatz einer neu eingeführten Biersorte durch einen erotischen TV-Spot anzukurbeln. Leider verpflichteten sie dafür Paris Hilton. Der Streifen geriet etwas zu scharf und zog Proteste von Frauenverbänden nach sich. Auch männliche Verbraucher gingen auf die Barrikaden. Vermutlich befürchteten sie, dass in den Flaschen der gleiche Inhalt wie in Paris Hilton ist, nämlich nichts. Der Ausgang der Aktion war schon vorher abzusehen, denn es kann nicht gut gehen, wenn der Alkoholgehalt eines Produktes höher ist als der Intelligenzquotient der Werbebotschafterin.

Zurück in hiesige Gefilde: Eine Umfrage des Deutschen Brauerbundes hatte zum Ergebnis, dass fast die Hälfte der deutschen Frauen Bier trinkende Männer sexy finden, weil man mit ihnen Spaß haben kann. Und damit hört der Spaß noch lange nicht auf. Ein Bier ist bekanntlich nicht wie das andere. Nicht nur die Not, sondern auch die Liebe macht erfinderisch, und so gab es verschiedene Versuche, spezielle Liebesbräus zu entwickeln. Eine Frau aus Freiburg im Breisgau brachte im Jahr 2006 das „Swati" auf den Markt, ein Biermixgetränk, in dem ein Lust machendes Maya-Kraut enthalten war. Dieses sollte angeblich das Blut durch die Lenden schießen lassen. Eine österreichische Brauerei entwickelte eine Biersorte, die versprach, dass selbst nach einer durchzechten Nacht das Liebesleben wieder in Schwung kommt. In dem Bier war allerdings der Legende nach ein gewisser Käseanteil enthalten, der dann wohl auch das wirtschaftliche Ergebnis bestimmte – alles Käse.

In Oberfranken kam ein Brauer mit dem passenden Namen Hopf auf die Idee, ein Erotik-Bier zu kreieren. Dazu stellt er sich beim Brauen fast nackt an den Sudkessel, trägt nur eine Lederschürze, Stiefel und Hut. Vermutlich tut er das heute noch, falls er sich inzwischen nicht erkältet hat. Das Bier soll an- bzw. ausziehend wirken, obwohl es bei der Entstehung auch noch mit kaltem Neonlicht bestrahlt wird und Musik von Richard Strauss erdulden muss.

Ob Beate Uhse Bier getrunken hat, ist nicht bekannt und eigentlich auch egal, aber die von ihr gegründete Firma setzt inzwischen auch auf Bier. Weil durch das Internet eine übermäßige Konkurrenz in Sachen DVD die Erlöse der Beate-Uhse AG schmälert, erwägt die Firma, künftig auch alkoholische Getränke wie Wein und Bier anzubieten. Im Jahr 2009 wurde die Sache schon mal getestet. Eine Flensburger Brauerei produzierte für den Erotik-Handel in der Nachbarschaft eine Spezialabfüllung namens „Popp-Bier 69“. Gut, der Name ist ziemlich direkt, aber der Begriff „Schlüpferstürmer“ war schon anderweitig vergeben und „Missionar“ wollte man das Bier nicht nennen. Dagegen hätte am Ende noch irgendeine Klosterbrauerei aus Bayern geklagt. Seitdem hat man nichts mehr davon gehört. Vermutlich ging die Sache mit dem „Popp 69“ in die Hose, oder es hat nicht gemundet. Bier und Sex sind eben doch zwei völlig verschiedene Dinge.

22) Biergedicht V

Der Morgen danach

Morgens ist die Kehle trocken.
Und der Hals, der tut so weh.
Man erinnert sich in Brocken.
Es schmerzt von Kopf bis Zeh.
Die Nerven sind wie Stacheldraht.
Das ist der Muskelkater im Schluckapparat.

23) Bierglasgrößen – Halb voll oder halb leer?

Es gibt ja die berühmte Frage, ob das Glas nun halb voll oder halb leer ist. Eine Konferenz von Ingenieuren hat sich mal damit beschäftigt und kam zu dem Ergebnis, dass für diese Menge Flüssigkeit das Gefäß einfach zu groß ist. Das wussten die Gastwirte, ihre Gäste und die Industrie schon lange und so gibt für jeden Bedarf und jeden Durst eine spezielle Glasgröße.

Ein Gläschen mit der Fassungsgröße von 0,1 Liter wird in Köln zum Beispiel Stößchen genannt. Gut, Schlückchen würde besser passen, aber die Kölner sind nun mal ein eigenes Völkchen. Bei denen ist das 0,2-Liter-Glas, die sogenannte Stange, am gebräuchlichsten. Das hat damit zu tun, dass das Kölsch darin an der frischen Luft schnell schal wird. Der Kölner kann nun mal auch nicht schneller trinken als andere, selbst während des Karnevals nicht, deshalb wäre ein größeres Glas glatte Verschwendung.

Die nächste Glasgröße ist das „Kleine“, in das 0,2 bis 0,3 Liter passen. Es gibt aber auch die 0,33-Liter-Version. Dann folgt das Halbliterglas, das man je nach Region auch Krügel oder Seidel nennt. Daran schließt sich das Literglas an. Das ist das Maß, das man in Bayern die Maß nennt und auf dem Oktoberfest in München jedes Jahr teurer, aber niemals größer wird. Das Maß ist eben dort das bzw. die Mass.

Weiterhin gibt es dort auch den Doppler, der zwei Liter fasst. Genau so viel passt übrigens auch in den Stiefel, aber man soll auch schon Stiefel von einem halben bis fünf Liter Fassungsvermögen gesehen haben. Es kommt eben darauf an, auf welch großem Fuß man lebt.

In den englischsprachigen Ländern rechnet man bekanntlich noch anders, dort trinkt man Bier in Pints. Ein Pint entspricht 0,568 Liter, es kann aber auch etwas schwanken, je nachdem, ob der Wirt den Eichstrich trifft oder überhaupt treffen will. Dann ist das Glas zwar nicht halb, aber eben doch nicht ganz voll.

Das halbvolle Glas gibt es übrigens doch. In einigen Regionen erhält man am Tresen das „Durchgezapfte“, ein schnell gezapftes

0,4-Liter-Glas, in dem aber nur die Hälfte Bier ist. Das ist dann die sogenannte „Schaumschläger-Größe", bei der man nun wirklich nicht weiß, ob das Glas nun halbvoll oder halbleer ist.

24) Bierglasformen – Das Auge trinkt mit

Ein Bierglas ist auch nur ein Mensch. Es kommt nicht nur auf die Größe an, sondern auch auf die Form, und derer gibt es viele bei Menschen und bei Gläsern. Zu Beginn trank man noch aus der hohlen Hand oder aus Tierhörnern, aber im Laufe der Zeit haben sich verschiedene Glasformen für die diversen Biersorten entwickelt.

Wichtigstes Kriterium ist dabei, dass das jeweilige Bier sein Aroma am besten entwickeln und seine Schaumkrone ausbilden kann. Das Auge trinkt bekanntlich mit, die Nase zwar nicht, aber damit kann man das Bier erschnuppern. Wenn man kein Bier mehr riechen kann, liegt es meist nicht an der Nase.

Beginnen wir wieder beim kleinsten Glas, dem Reagenzglas aus der Domstadt, der Kölner Stange. An einer Stange kann man sich normalerweise festhalten, aber an der Kölner eben nicht. Aber weil sich der Kölner besonders im Karneval festhalten muss, hat man den sogenannten „Kölschglashalter" entwickelt. Das ist ein Metallrohr, in das man das

Glas stellen kann und sich das Ganze dann um den Hals hängt. Dass man pro getrunkenem Kölsch eine Kerbe oder einen Ring an das Rohr macht, um nicht zu vergessen, wie viel man schon abgeschossen hat, ist eine Legende. So etwas gibt es nur beim Militär.

Weil wir gerade beim Schießen sind, kommen wir nun zur Kugel. Die Bierkugel ist, wie der Name schon sagt, unten kugelrund und öffnet sich nach oben. Diese Glasform gibt es meist im ehemals militaristischen Preußen und vorwiegend im Kaliber von 0,33 Liter. Wer in einem Berliner Lokal also um eine Kugel bittet, will ein Bier. Im Wilden Westen Amerikas hätte man das besser nicht gesagt …

Weil das Pils das meistgetrunkene Bier in Deutschland ist und es aus einer sogenannten Tulpe getrunken wird, ist diese Form des Bierglases logischerweise sehr verbreitet. Verbreitert ist es aber nur in der Mitte. Unten sieht es einem Weinglas ähnlich und oben verjüngt sich die Tulpe wieder, damit das Bier seine Blume voll zur Entfaltung bringen kann. Diese Gläser werden in Deutschland hergestellt. Es stimmt einen irgendwie froh, dass es auch Tulpen gibt, die nicht aus Holland kommen.

Für Altbier gibt es Altbiergläser, die durchaus aus Altglas gemacht werden können und für Weißbier existieren Weißbiergläser, die allerdings nicht weiß, sondern wie alle anderen auch durchsichtig sind. Man will ja auch in Bayern sehen, was man trinkt.

Je größer ein Glas ist, desto schwerer ist es auch. Deshalb haben große Gläser oft Henkel und auch Einkerbungen, an denen die Finger Halt finden, die so bezeichneten Augen.

Diese Humpen gibt es nicht nur aus Glas, sondern auch aus Steingut, Zinn oder gar Porzellan. Oft sind sie verziert, haben Motive, zum Beispiel Tierabbildungen. Da ist vom Adler bis zum Pleitegeier, vom Rehkitz Bambi bis zum ausgewachsenen Elch fast alles dabei.

Wenn wir von Biergläsern sprechen, kommen wir am Maßkrug natürlich nicht vorbei. Früher fasste er 1,069 Liter, aber inzwischen ist der Eichstrich etwas nach unten gerutscht und bei genau einem Liter hängen geblieben. Besonders bekannt und beliebt sind die Oktoberfestmaßkrüge, die auch ein beliebtes Sammelobjekt sind. Für einen älteren Krug werden schon mal mehrere hundert Euro gezahlt, und zwar ohne Inhalt. Aber auch andere Bierkrüge werden gesammelt, vorwiegend von Männern. Die Frauen erkennen oft nur Staubfänger in ihnen. Das ist der kleine Unterschied. Wenn der Mann einen Krug wegputzt, trinkt er ihn aus. Wenn eine Frau ihn wegputzt, schmeißt sie ihn beim Staubwischen vom Regal auf den Boden, wo er zerschellt und sagt dann hinterher oft noch hämisch: „So gern, wie mir das leid tut …“ Dagegen hilft dann nur ein Bier.

Bier kann mal also aus den verschiedensten Gefäßen trinken, oder eben aus einem neutralen Glas, dem deutschen Standardglas. Das hat natürlich auch einen genormten Namen. Das ist der Willybecher. Den Namen verdankt das Glas seinem Erfinder Willy Steinmeier. Der Mann war Betriebsleiter einer Fabrik für Gläserherstellung. Ob er viel gebechert hat, ist nicht bekannt.

25) Bier und Gewalt – Handfeste Sachen

Es gibt ja solche Preise und solche. Da ist zum Beispiel der Bierpreis, zu dem kommen wir später. Es gibt aber auch Preise, bei denen man Geld bekommt, wie der Nobelpreis. Weil es aber zu jeder Sache auf der Welt auch ein Gegenstück gibt, wird alljährlich auch eine Art alternativer Nobelpreis verliehen. Den echten Nobelpreis für Frieden erhielt 2009 Barack Obama, den anderen eine Gruppe Schweizer Wissenschaftler.

Die Eidgenossen sitzen nun mal nicht den ganzen Tag auf dem Matterhorn und blasen per Alphorn Ricola-Bonbons in alle Welt, und so haben sich die Experten des Instituts für Rechtsmedizin der Universität Bern mit dem Thema „Bier und Gewalt“ beschäftigt. Sie fanden durch Versuche heraus, dass sich leere Bierflaschen besser für eine Kneipenschlägerei eignen als volle. Die Preisverleihung soll trotzdem friedlich verlaufen sein. Die Schweizer gaben auch zu, dass diese Ehrung nicht gerade der Höhepunkt ihrer akademischen Karriere sei.

Gerade die Schweizer sind eigentlich neutral und halten sich aus allen Konflikten weitgehend heraus. Sie würden bei einer Wirtshausrauferei eher abseits stehen, warten, bis sich die Lage beruhigt hat, dann die leeren Flaschen einsammeln, diese abgeben, und schließlich das damit eingenommene Geld auf die Bank bringen.

Die Österreicher sind da schon anders gestrickt. Es gibt die Legende, dass in der k.u.k.-Zeit ein alter Feldmarschall ein Bierstübel betrat, sich kurz umschaute und laut bemerkte: „Kein einziger anständiger Mensch hier." Daraufhin flog ihm ein Bierdeckel an den Kopf und der Feldherr revidierte seine Meinung in: „Pardon, einer."

Manche werfen aber nicht mit dem Bierdeckel, sondern gleich mit dem Glas. So soll der ehemalige Fußball-Profi Olaf Thon auf einer Feier des FC Schalke 04 dem ehemaligen Manager Rudi Assauer ein volles Glas an den Kopf geworfen haben. Dabei hat der immer beteuert: „Nur gucken, nicht anfassen." Olaf Thon hat sich hinterher entschuldigt: „Tut mir leid, ich habe auf niemanden gezielt." Wenn er als aktiver Fußballer so gespielt hätte, wäre er vermutlich Jahr für Jahr Torschützenkönig geworden. Ist er aber nicht. Vielleicht war das auch kein normales Glas, sondern ein Hightech-Gerät mit eingebauter Wärmebildkamera als Zielsucher. Assauer, auch als „Stumpen-Rudi" bekannt, hatte zu der Zeit fast immer eine brennende Zigarre im Mund.

Nein, das sind Beispiele, die man nicht nachmachen sollte. Gewalt ist nie eine Lösung. Bier sollte man eher als Konfliktlöser einsetzen. Man hätte die Herren Thon und Assauer einfach in einen Raum einsperren sollen, eine Kiste Bier dazu, dann könnte man warten, bis sie sich geeinigt haben. Vorher dürften sie einfach nicht raus. Gleiches gilt vielleicht auch für Österreicher und Schweizer, für Bayern und die Völker hinter dem Weißwurst-Äquator. Das wäre schön, wenn alle Konflikte auf der Welt so zu lösen wären. Das sind sie aber leider nicht.

Es gibt aber auch Beispiele, in denen Bier indirekt für Gewalt sorgt. So hat eine Frau im muslimischen Malaysia in einer Hotelbar Bier getrunken. Dafür wurde sie von einem islamischen Gericht zu einer Geldstrafe und sechs

Stockhieben verurteilt. Die Schläge wurden danach aber ausgesetzt. Vermutlich hätten sich die Prügelknaben erst Mut antrinken müssen. Aber das durften sie als Mohammedaner nicht.

Für noch mehr Gewalt sorgte aber der Bierpreis. Der wurde und wird ja, mit Ausnahme des Freibiers, immer mal wieder erhöht. So gab es 1866 wegen einer Bierpreiserhöhung regelrechte Straßenschlachten in München. In der niederbayerischen Ortschaft Dorfen brannten sogar Gasthof und Brauerei. Erst als Bier in die Löscheimer gefüllt wurde, herrschte wieder Frieden zwischen Brandstiftern, Feuerwehrleuten und Brandopfern. Bei den nachfolgenden Gerichtsverhandlungen war man längst wieder ein Herz und eine Seele und konnte sich an nichts und niemanden erinnern.

Im westfälischen Münster sollte 1895 die Sperrstunde für Lokale auf 23 Uhr festgesetzt werden. Nach lautstarken Protesten mit reichlich Bier und Gesang vor dem Rathaus, vorwiegend nach 23 Uhr, gab der Oberbürgermeister nach und hob eine Woche später alles wieder auf.

Heute geht es weitaus zivilisierter zu. Wenn heutzutage der Bierpreis erhöht wird oder ein Lokal früher schließen soll, kommt es zwar zu Diskussionen, aber letztendlich wird dann doch alles geschluckt. Auch ein Boykott des Bieres wie zu früheren Zeiten wäre heute nicht mehr durchzuorganisieren. Die Leute haben heute einfach zu viel Durst. Gewalt ist eben keine Lösung, im Großen und im Kleinen nicht. Es hat nichts mit Bierkultur zu tun, wenn der Höhepunkt des Kneipen- oder Festabends die Schlägerei um Mitternacht ist.

Aber alles halb so wild: Britische Experten haben ein scherbenfreies Bierglas entwickelt, mit dem so ein Meinungsstreit weniger blutig verlaufen kann. Und das scheint auch nötig zu sein, denn beim 200. Oktoberfest 2010 gab es mit 62 Schlägereien genau 19 mehr als im Jahr zuvor.

26) Biergedicht VI

Der Biergarten im Regen

Schaut nur, wie die Sonne lacht.
Die Kellnerin hat Bier gebracht.

27) Bierorte – Quer durch das Land

Nicht nur die Großstadt Essen im Ruhrgebiet hat vom Namen her etwas mit der Nahrungsaufnahme zu tun. Auch das, was auf den Tisch kommt, findet man zum Beispiel in (Postleitzahl 56858) HÄHNCHEN, 07646 LÄMMCHEN oder 73329 KUCHEN, sogar mit 45711 DATTELN oder einer 55595 MANDEL.

Nun gibt es solches Essen und solches. Manchmal schmeckt der 17192 SPECK schon 15848 RANZIG. Aber mit etwas 96250 KÜMMEL kann man das übertönen. Das wäre dann das 56414 SALZ in der 14715 WASSERSUPPE.

Manche Zeitgenossen sind Vegetarier, bei denen stehen oft 99998 KÖRNER auf dem Tisch, vermutlich besonders in 19205 ROGGENDORF, 83552 MAIS oder 06507 HAFERFELD. Der Eine isst wenig, der Andere mehr. Nun ja, in 57520 DICKENDORF haben wahrscheinlich viele 17498 WAMPEN. In 07646 MAGERSDORF dagegen herrscht wohl kulinarisches 38875 ELEND, dort leben nur 32257 DÜNNE. Für diese Leute ist das 19273 BITTER, doch sie könnten ja auch nach 93161 VIEHHAUSEN ziehen, dort gibt es dem Vernehmen nach einen ganzen 04774 OCHSENSAAL voller 15848 SAUEN. Man könnte aber auch 54439 FISCH oder 56479 REHE verspeisen, ebenso – wer auf Pferdefleisch steht – in 06800 ROSSDORF einen 06647 SCHIMMEL.

Egal, was es zum Essen aus der 09477 SCHMALZGRUBE oder vom 38855 SCHMATZFELD gibt, wird ein 63579 FREIGERICHT angekündigt, bilden sich sofort lange 33189 SCHLANGEN.

Das, was für die Aufnahme fester Nahrung gilt, existiert bei Flüssigkeiten natürlich auch, und das noch viel mehr. Es gibt Gegenden, in denen die Kneipen Krug heißen. Und diese Landstriche sind voll davon, ein einziges 18246 KRUGLAND sozusagen. Das gibt es den 17309 SANDKRUG, den 18292 BLECHERNKRUG, aber auch den 23942 FLECHTKRUG, den 17335 ROHRKRUG und den 17495 JAGDKRUG. In den 16818 WAISENKRUG darf man sogar mit seinen 09481 ELTERLEIN, selbst wenn diese aus dem 09496 GEBIRGE stammen.

Ebenso verhält es sich mit den Schänken, egal ob sie nun Schänke oder Schenke geschrieben werden. Um von der 07389 BANKSCHENKE über die 08541 LOCHSCHÄNKE, die 01561 WALDSCHENKE zur 07985 HÖLLENSCHENKE zu kommen, braucht es einigen 26409 WILLEN. Da hat man als 23883 GROSSZECHER die 39279 WAHL.

So weit die Theorie, doch wie sieht es in der Praxis aus? Das zeigt die folgende Geschichte von 83364 RAINER und 19348 HORST. Wir hätten die Beiden auch 31180 SIEGFRIED und 49170 HAGEN nennen können, doch mit der 21483 LANZE und dem 58239 SCHWERTE führen wir nichts im 19322 SCHILDE.

Rainer und Horst hatten also 39221 BIERE im 24392 BLICK. „Gönnen wir uns ein paar 18528 HELLE, diese köstlichen Getränke aus 87629 HOPFEN und 16515 MALZ“, meinte Horst nach seinem Urlaub in 99438 SCHOPPENDORF, wo er nur 04931 WEINBERGE und 94577 WINZER sah. Auch Rainer, seit kurzem aus 07646

TROCKENBORN von den 97535 WASSERLOSEN zurück, kam es ähnlich von den 02999 LIPPEN: „Lass uns auf einen 83364 SPRUNG in den 26506 NORDEN 24253 FAHREN. Dort gibt es 01824 STRAND mit 97522 SAND, 21261 WELLEN und 09358 WIND. Dort wird es 90537 FEUCHT in der 77694 KEHL." Gesagt, getan. Doch weil an den 29482 KÜSTEN das 35083 WETTER nicht gut war – es gab viele 56332 WOLKEN voller 94209 REGEN, also einen 09484 NIEDERSCHLAG nach dem Anderen – beschlossen sie im 25946 NEBEL: „Wir 96488 REISEN in den 27313 WESTEN." Doch das 83419 PARADIES war das auch nicht. „Viel 02929 UNGUNST dort in diesen 18574 ZEITEN", meinte Rainer. „Da geht es nur um 78345 MOOS und 24361 PROFIT", pflichtete Horst ihm bei. „Das geht mir auf 98631 MILZ und 04838 GALLEN, in uns schlägt ein anderer 25560 PULS. Lass uns nach 09616 PILSDORF fahren", gab Rainer zurück.

So kamen sie über 91080 SPARDORF, wo es nur 15757 HALBE gab und sie 83552 STREIT bekamen, und 82131 STOCKDORF, wo ihnen der 06901 WACHTMEISTER mit dem 36129 WACHTKNÜPPEL drohte, weil sie ihn 18574 ZICKER nannten und sie deswegen in 18510 UNGNADE fielen, über die 07613 LANDSTRASSE nach 54533 BIERMÜHLE. Aber dort hätten sie erst 06724 MAHLEN müssen. „Komm, das ist mir zu 01920 KINDISCH hier, wir machen 56295 RÜBER nach 29416 BIERSTEDT, ich haben einen riesigen 01848 BRAND“, meinte Rainer.

Horst antwortete: „Mir geht es 16866 GANZ ähnlich.“ So hingen sie schon unterwegs in 96199 ZAPFENDOPF am 56472 HAHN. Sie tranken ziemlich 39517 DOLLE, bestellten eine 32791 LAGE nach der Anderen, die 06779 MARKE war ihnen dabei egal. Ein 82131 KASTEN wurde 26789 LEER, dann noch einer und noch einer. Das Leben war kein 55758 LANGWEILER mehr, es war auf einmal 17192 SORGENLOS. „48465 OHNE 29416 LÜGE“, sprach Horst auf Rainer ein, „ich habe jetzt nur noch diese 17449 ZECHERIN da drüben im 35764 SINN. Ich hätte 39446 LUST, mich mit ihr zu 14476 PAAREN.“ Doch Rainer, schon etwas 63796

KAHL, kratzte sich am Kopf. Horst wurde sauer: „Wenn du schon einen 98593 FLOH in den 19336 HAAREN hast, musst du 04420 LAUSEN, nicht 54689 JUCKEN." Rainer gab ihm Kontra: „Ich werde dir gleich eine 66978 LEIMEN, äh 06667 KLEBEN meine ich, dir eine 54673 SCHEUERN, du wirst ja immer 19073 DÜMMER." 83565 ÖD fuhr er fort: „Wir sind hier in 55546 HACKENHEIM und sprechen, als kämen wir aus 94551 LALLING, und du bist so 54426 BREIT, da wird doch nur noch 83367 PETTING draus. 47625 WETTEN, wenn du vor ihr beginnst, zu 16833 PROTZEN, wird es dich 99428 NIEDERZIMMERN. Da sind wir uns doch 56751 EINIG???" Und so nahmen sie noch einige 17091 GROSS HELLE zu sich und stritten sich weiter: „Das ist 38527 MEINE." – „Nein, das ist 16928 MEINS."

Aber wie es so ist und auch 54472 KOMMEN musste: Was in den Körper hinein geht, das muss auch wieder hinaus. So erkannte Rainer: „Ich glaube, ich muss mal 06231 PISSEN." „Dann 14827 SPRING 37639 ZUR BRILLE, aber 98587 SPRINGSTILLE!"

Doch Rainer wollte 99326 SINGEN. Allerdings klang es so fürchterlich, dass alle Anderen 02894 REISSAUS nahmen und zwar in 03238 MASSEN. Rainer wiederholte 63584 LIEBLOS immer wieder die 37130 GLEICHEN Worte, so dass auch noch die letzten Gäste 56294 KALT zu 56412 BODEN 73333 GINGEN und nur noch 31157 GIFTEN konnten: „Das ist so was von 54331 OBERBILLIG, so ein 01766 OBERPÖBEL, die haben keine 04703 SITTEN, sondern einen 91174 SPALT am 91189 ROHR!"

Doch der 18574 SCHABERNACK war noch lange nicht zu Ende. Denn nun wollte auch bei Horst wieder hinaus, was vorher rein geflossen war: „Oh 32369 WEHE, ich muss 34439 NIESEN und zwar aus dem 71577 HALS. Ich muss 65611 BRECHEN. Zur 23896 DONNERSCHLEUSE schaffe ich es nicht mehr." Rainer gab ihm sofort und drastisch 54413 BESCHEID: „Wenn du 14715 KOTZEN musst, dann in den 06542 WINKEL hinter den 55481 HECKEN. Aber pass auf deine 98678 STELZEN auf und 83661 FALL nicht hin. Ich werde dich nicht 78628 HOCHHALDEN." Horst wankte dahin und rief: „Es geht nicht.“ Rainer konterte: „Du musst 04838 PRESSEN und zwar auf der 21435 STELLE. Und das 27333 BÜCKEN nicht vergessen! .... Und? 31559 HASTE?“ Horst gab erleichtert zurück: „JA, ich habe den 99441 GÖTTERN des 38838 GAMBRINUS geopfert. Der ganze 07407 KUHFRASS aus 17194 PANSCHENHAGEN kam wieder raus und zwar in 14547 STÜCKEN. Mein Gott, war das ein 56281 SCHWALL ins 16831 REIHERHOLZ.“

Und die Moral von der Geschicht?

Um Ihren 06773 SCHMERZ zu 49699 LINDERN: Natürlich ist die ganze Story ein einziger 03205 LUG und Trug. Sie könnte höchstens dazu 24568 NÜTZEN, nicht in 88512 MENGEN zu trinken, sondern dabei in 97711 MASSBACH zu Hause zu sein. Mit den Gefahren übermäßigen Trinkens haben wir uns schon beschäftigt.

Allerdings: Die angeführten Orte gibt es wirklich, im 56814 ERNST, völlig 14728 OHNEWITZ.

28) Bier und Politik – Von der Steuer zum Deckel

Bier und Politik, auch da kommt man an Bayern nicht vorbei. Dort muss ein Politiker, wenn er was werden bzw. bleiben will, im Bierzelt bestehen. Vermutlich spricht man deshalb auch von Lokalpolitik. Gut, auch Gerhard Schröder hat als Bundeskanzler mal medienwirksam nach einer Flasche Bier gefragt, aber er war die Ausnahme, die bekanntlich jede Regel bestätigt. Außerdem dürfte der Vorfall nicht in Bayern gewesen sein. Da hätte er vielleicht etwas anderes bekommen als eine Flasche Bier.

Natürlich kommt man bei diesem Thema auch nicht an der Biertrinkerpartei vorbei, die es 1990 sogar kurzzeitig ins Rostocker Stadtparlament geschafft hat. Seitdem hat man aber nicht mehr viel von ihr gehört. Vermutlich bewegen sich die dort organisierten Biertrinker inzwischen nur noch im Promillebereich.

Jetzt mal ehrlich: Was wollen wir denn in Deutschland mit einer Biertrinkerpartei, wenn wir doch schon die CSU haben? Diese Partei hat in der Hinsicht Tradition. Franz-Josef Strauß wurde im Bierzelt zur Legende, Theo Waigel hatte sogar noch eine eigene „Augenbrauerei", aber dann ging es abwärts. Edmund Stoiber hatte schon nüchtern sprachliche Aussetzer, dass man sich fragte, was der denn getrunken hat. Günther Beckstein war dem Thema fachlich nicht ganz gewachsen, als er feststellte, dass man nach zwei Maß Bier noch Auto fahren könne. Sein Nachfolger Horst Seehofer beeilte sich daraufhin, zu versichern, dass er zu Hause nur Milch trinke. Gut, der Mann hat bekanntlich andere Laster.

Schon Otto von Bismarck, der „Eiserne Kanzler" stellte fest: „Es ist ein Grundbedürfnis der Deutschen, beim Biere schlecht über die Regierung zu reden." Das ist inzwischen anders, man schimpft heute auch bei Wasser, Kaffee und Tee. Aber beim Bier ist das Lästern und Kritisieren einfach am schönsten. Auch das hat in Bayern Tradition. In Deutschland gilt bekanntlich der Karneval als fünfte Jahreszeit, in Bayern ist es die Starkbierzeit. Der Starkbieranstich im Salvatorkeller ist eines der bedeutendsten gesellschaftlichen Ereignisse in München. Die anderen sind das Oktoberfest und die Jahreshauptversammlung des FC Bayern.

Beim Salvatoranstich auf dem Nockherberg zieht Bruder Barnabas über die Politiker her, die ihm aber auch Jahr für Jahr reichlich Futter geben. Hinterher sind die Leute dann irgendwie erleichtert, schließlich haben sie ihr Fett wegbekommen. Noch schlimmer ist es aber für einen Politiker in Bayern, wenn er dort nicht erwähnt wird. Das ist für ihn fast so was wie eine Abwahl. Wer in der Predigt nicht vorkommt, kann nur noch ein Frust-Bier trinken, falls er eines bekommt.

Frust soll auch Helmut Kohl gehabt haben, als er von Gerhard Schröder als Kanzler abgelöst wurde. Als Schröder dann öffentlich nach jener bewussten Flasche Bier rief, hat nicht nur Stefan Raab ein Lied darüber geschrieben. Helmut Kohl soll überlegt haben, sich gleich eine ganze Brauerei zuzulegen. Aber Hasseröder wollte angeblich nicht verkaufen und den Namen nicht in „Hasseschröder" ändern.

Nein, das stimmt natürlich nicht. Richtig ist aber, dass Bier und Politik eine gewisse Wechselwirkung haben. Viele unserer gewählten Volksvertreter zeigen sich gern volksnah mit einem Bier und das Volk trinkt Bier, denn so ganz ohne Alkohol scheint man die heutige Politik gar nicht mehr aushalten zu können. Vieles entpuppt sich als Schnapsidee, so wie die Ankündigung von Friedrich Merz, das Steuersystem so zu vereinfachen, dass eine Steuererklärung auf einen Bierdeckel passt. Damit wäre er selbst in einem bayerischen Bierzelt ausgelacht worden.

29) Zehn Gründe, an denen Sie erkennen, dass Sie ein „Feierabend-Bier" brauchen:

10)

Man will nicht nur etwas auf, sondern auch im Kasten haben.

9)

Das vom Frühstück übrig gebliebene Bier war schon zum Mittag wieder alle.

8)

Nach einem Tag mit seinen Kollegen braucht man abends mal volle Flaschen.

7)

Nach acht Stunden Arbeit hat man sich einfach ein Six-Pack verdient.

6)

Es hat schon den ganzen Tag in einem selbst gegärt.

5)

Nach einem harten Tag auf dem Gerüst müssen Sie abends einfach in den Bierkeller.

4)

Der Feierabend ist einem heilig und da gehört die Bierseligkeit als Grundvoraussetzung dazu.

3)

Wenn Sie schon während der Arbeit keinen Schaum vor den Mund bekommen, dann wenigstens abends beim Bier.

2)

Man ist darauf angewiesen, dass nicht nur der Akku, sondern auch der Bierbauch wieder aufgefüllt wird.

1)

Nachdem Sie den ganzen Tag Tüten geklebt haben, wollen Sie abends mal so richtig ein Fass aufmachen.

30) Bierhandel – Der Getränkestützpunkt

Es gibt solche Punkte und solche. Zum Beispiel kennt man den Punkt auf dem „i“, den T-Punkt (neudeutsch T-Point), den K-Punkt beim Skispringen und den G-Punkt. Wir haben wunde Punkte und auch dunkle, wir sprechen von springenden und laufenden Punkten. Es existieren Brennpunkte, Anhaltspunkte, Streitpunkte und Schweißpunkte, auch solche ohne das „W“. Es gibt in der Technik obere und untere Totpunkte, außerhalb der Technik kann man daran sehen, ob man in den Himmel oder in die Hölle kommt. Wir haben Treffpunkte, Stichpunkte, Zielpunkte und Stützpunkte, und um endlich auf den Punkt zu kommen, darunter auch den Getränkestützpunkt.

Was Getränke sind, muss man nicht erklären, was ein Stützpunkt ist, schon. Ein Stützpunkt ist ein Ort, von dem eine Handlung ausgeht. Oft wird der Begriff beim Militär verwendet, von ihm gehen also Aktionen wie Angriff, Verteidigung, Rückzug oder das Hissen der weißen Fahne aus. Aber der

Biertrinker an sich ist ein friedlicher Mensch, der anderen keine Kugel verpassen, sondern vielleicht mal ein Bier ausgeben will. Wenn am Getränkestützpunkt eine weiße Fahne wehen würde, wäre höchstens das Bier ausverkauft. Aber das sollte in der Marktwirtschaft nicht passieren.

Nun ist der Getränkestützpunkt logischerweise nicht der rote Fleck unter dem Kinn, der sich bildet, wenn man den immer schwerer werdenden Kopf auf einer Bierflasche abstützt. Nein, nach offiziellem Sprachgebrauch ist der Getränkestützpunkt eine Verkaufsstelle für Getränke aller Art mit diversen kleinen Zusatzangeboten. Besser kann man es nicht ausdrücken. Doch, man kann.

In einem Getränkestützpunkt gibt es nicht nur Bier, Wein, Säfte, Limonaden, Wasser und Spirituosen, also alles, was einem durch die Kehle rinnt, sondern auch Zigaretten, Zigarillos und Zigarren, also alles, was einem in die Lunge kommt. Man kann aber auch Sachen kaufen, die ins Auge gehen, wie Zeitungen, Bücher und Rätselhefte. Zudem hat der Getränkestützpunkt auch Kekse und Süßigkeiten im Angebot und nicht zuletzt fachkundige Beratung. Ein guter Stützpunktleiter kann seine Kunden über Herkunft, Inhaltsstoffe und Alkoholgehalt seines Sortiments aufklären. Gut, das steht letztendlich alles auf den Flaschenetiketten, aber wer hat heute schon Zeit und Lust, das Kleingedruckte zu lesen? Der Getränkehändler weiß aber auch, wie seine angebotenen Waren schmecken. Er hat, zumindest sollte er das, einmal die Runde gemacht und sein Sortiment von A bis Z durchprobiert.

Aber das ist noch lange nicht alles. Der Getränkestützpunkt hat nicht nur eine wirtschaftliche, sondern auch eine soziale Funktion.

Nach der Wende kam ja die Marktwirtschaft in unsere Breiten, und der Markt reguliert sich bekanntlich selbst – leider, muss man manchmal sagen. Lebensmittelläden verhungerten, Gaststätten und Klubhäuser saßen plötzlich auf dem Trockenen und mussten schließen. So mancher Friseur hat sich haarsträubend zur Aufgabe seines Geschäftes entschließen müssen. Besonders in den Dörfern sah und sieht es in dieser Hinsicht ziemlich düster aus. Es gibt leider ländliche

Gemeinden, in denen es der gesellschaftliche, kulturelle und ökonomische Höhepunkt der Woche ist, wenn am Sonnabend morgens gegen acht Uhr der Bäckerei-Verkaufswagen für eine halbe Stunde anhält.

Genau dort setzt und springt der Getränkestützpunkt ein. Das ist die neue Dorfzentrale. Hier wird gekauft, miteinander gesprochen und dabei so manche Information ausgetauscht und auf den Wahrheitsgehalt überprüft. Auf der Sitzgruppe vorm Stützpunkt wird so manches Bier getrunken und so mancher Plan geschmiedet. Der Stützpunkt erfüllt also die Aufgaben von Dorfgaststätte, Klubhaus, Lebensmittelmarkt und wegen des Dorfklatsches auch die Funktionen des Friseurs gleich mit.

Kurz gesagt: Gemeinden ohne Geschäfte sind arm dran, Ortschaften ohne Getränkestützpunkt sind ganz arm dran.

Aber auch in den Städten gibt es Getränkestützpunkte, die sich neben Bäckern, Supermärkten, Friseuren und Zeitungsredaktionen halten. Gut, man kann sein Bier in der Anonymität eines riesigen Supermarktes kaufen, aber man muss nicht. Im Getränkestützpunkt wird man persönlich begrüßt. Ein guter Stützpunktleiter kennt nicht nur seine Pappenheimer, sondern auch seine Biertrinker. Auch die Laufkundschaft wird hier nicht grundlos angefahren. Der Kunde muss sein Leergut nicht Stück für Stück in einen herzlosen Automaten stecken, er wird individuell begrüßt und bei der Getränkeauswahl fachkundig beraten. Schließlich weiß der Händler am besten, was als Erstes weg muss. Zudem gibt es hierzulande keinen Supermarkt, in dem man nach dem Einkauf die schweren Flaschenkisten mit Sackkarre zum Auto gefahren bekommt und mit den Worten „bis nächste Woche" persönlich verabschiedet wird. Da kann man doch gar nicht anders, als wieder zu kommen.

31) Bierwelt – Bier in verschiedenen Sprachen:

Afrikaans – bier
Albanisch – birra
Arabisch – bira
Baskisch – Garagardo
Bosnisch – pivo
Chinesisch – pi jiu
Creolisch – byè
Dänisch – øl
Englisch – Beer
Esperanto – Biero
Estnisch – Olu
Finnisch – olut
Französisch – bière
Griechisch – bira
Hawaiianisch – bia nui
Hindi – biyara
Holländisch – bier
Irisch – beior
Isländisch – bjor
Norwegisch – øl
Italienisch – birra
Japanisch – biiru

Javanisch – Bir
Jüdisch – bir
Kantonesisch – be jáu
Katalanisch – cervesa
Koreanisch – maeh-ju
Kroatisch – Pivo
Litauisch, Lettisch – Alus
Malaisch – Bir
Niederländisch – Bier
Polnisch – piwo
Portugiesisch – cerveja
Rumänisch – bere
Russisch – pieva
Schwedisch – øl
Serbisch – Pivo
Spanisch – cerveza
Tschechisch – pivo
Slowakisch – pivo
Slowenisch – pivo
Suaheli – bia
Türkisch – bira
Ungarisch – Sör
Vietnamesisch – bia
Walisisch – cwrw

32) Biergedicht VII

Selbst ist der Mann

Ich schaue in das Abendrot,
Und warte auf das Abendbrot.
Die Gute hat mich wohl vergessen.
Sie kümmert sich ums Essen.
Ich sitze wie auf Kohlen,
Und werd' das Bier wohl selber holen.

33) Bierkunst – Benotet, belesen und bemalt

Der geniale Komiker Heinz Erhard stellte mal fest: „Drum singe, wem Gesang gegeben, und wer's nicht kann, soll einen heben." Allerdings vergisst man manchmal, wenn man mehr als einen gehoben hat, dass man nicht singen kann und grölt die Trinklieder mit. Es macht auch nichts, wenn man den Text nicht richtig kann. In der Lautstärke fällt nur auf, wenn man ein anderes Lied als der Rest im Bierzelt singt.

Auch in der Schlagerbranche spielt das Bier eine Rolle. „Gebt dem Mann am Klavier, noch ein Bier, noch ein Bier", heißt es. In Deutschland ist das kein Problem, aber in anderen Gegenden anscheinend nicht so einfach. „Es gibt kein Bier auf Hawaii", das wird oft gesungen. Nur stimmt das nicht. In den Supermärkten auf der Inselgruppe gibt es genau das gleiche Bierangebot wie auf dem amerikanischen Festland, Hawaii hat sogar mehrere Brauereien. Allerdings kann man sich darüber streiten, ob man das, was US-amerikanische Brauereien verlässt, als Bier bezeichnen sollte.

In der Rockmusik hat sich Bier ebenfalls etabliert, auch in den Songtexten. City singt „Noch'n Bier, noch'n Bier", bei den Österreichern der „Ersten Allgemeinen Verunsicherung" heißt es: „Bitte Bier". Schon Ted Herold sang vor gefühlt mehreren Jahrhunderten: „Rock'n Roll, 'ne Gitarre und 'ne Flasche Bier". Und nicht zuletzt hat Joe Cocker sogar mal einen Werbesong für eine Bremer Brauerei gesungen: „Sail Away". Inzwischen trinkt er Alkoholfreies.

Musizieren und Singen macht eben durstig. Bewiesen wird diese Aussage durch einen der kürzesten und vielleicht auch ältesten Witze der Welt: „Gehen zwei Musiker an einer Kneipe vorbei".

Ebenso ist das Bier Bestandteil der Literatur. Darüber könnte man Bücher schreiben. Aber das tun die Wenigsten und deshalb begnügt man sich oft mit einer Toilettenwand. Dort findet man dann Sprüche wie „Das Wasser gibt den Ochsen Kraft, dem Menschen Bier und Rebensaft, drum danke Gott als guter Christ, dass du kein Ochs geworden bist."

Dem gegenüber stehen die Trinksprüche, einer der bekanntesten ist wohl „Zwischen Leber und Milz passt immer noch ein Pils." Aber meistens trinkt man auf die Gesundheit. Schließlich heißt es ja, dass Trinken ohne Trinkspruch Sauferei ist.

Bier hat, seitdem der Mensch sich schriftlich ausdrücken kann, seinen Platz im Geschriebenen oder auch Gemeißelten gefunden. Das beginnt im vorchristlichen Gilgamesch-Epos, setzt sich über die Siegfried-Sage der alten Germanen fort und endet längst nicht bei Johann Wolfgang von Goethe, der in einer Arbeitspause in einem Trinklied schrieb: „Das Bier schafft uns Genuss, die Bücher nur Verdruss." Recht hatte er, so denkt heute mancher Schüler, wenn er sich durch Goethes „Faust" quält.

Wilhelm Busch stellte fest: „Die erste Pflicht der Musensöhne ist, dass man sich ans Bier gewöhne." Einer der sich daran gewöhnt hat, war der amerikanische Schriftsteller Stephen Morris, der sage: „Es gibt noch andere Dinge im Leben als Bier, aber Bier macht diese anderen Dinge einfach angenehmer." Sein Landsmann, der Schauspieler Henny

Youngman, äußerte schließlich: „Als ich von den schlimmen Folgen des Trinkens las, gab ich das Lesen sofort auf."

Wenden wir uns also den Bildern zu. In der Malerei spielt das Bier nur eine untergeordnete Rolle. Der Wein ist dort wesentlich präsenter. Vermutlich liegt das an Martin Luther. Der große Reformator hat mal zu Protokoll gegeben: „Bier ist Menschenwerk, der Wein aber ist von Gott." Weil in früheren Zeiten in Europa vorwiegend Bilder christlicher Natur gemalt wurden, steht eben bei vielen Stillleben ein Krug Wein auf dem Tisch, und keine Flasche Bier.

Man muss allerdings zugeben, dass der Wein für die Malerei einfach geeigneter ist als das Bier. Ein Weinberg passt nun mal besser zu einem Bild malerischer dörflicher Idylle als eine Hopfenplantage.

Andererseits wurde schon mit Bier gemalt, mit Wein noch nicht. In der schwedischen Provinz Dalarna haben die Tischler früher ihre Schränke mit Farben bemalt, die mit Bier vermischt wurden. Heute klebt man in diesen Gegenden einfach Folie auf das Holz, das gibt den Produkten eine gewisse Stabilität.

Mit Bier allein zu malen, brächte als Ergebnis nur Hell-Dunkel-Bilder, beim Wein wären es immerhin drei Farben: Weiß, Rot und Rosé. Viel geeigneter für die Kunst des Pinselns sind die in allen Farben schillernden Liköre. Auf den Gedanken ist Sänger Udo Lindenberg schon gekommen, er hat sich die Idee seiner „Likörelle" patentieren lassen.

Apropos Pinsel: Als eine völlig andere Grundlage für Bilder hat der US-amerikanische Popart-Künstler Andy Warhol das Bier genutzt. In der Zeit nach 1970 suchte er nach neuen Techniken in der Malerei und entwickelte die sogenannten „Piss Paintings". Das sind ganz einfach mit Urin durch Oxydation auf einem Kupfergrund gemalte – nein gestrahlte Bilder – malen kann man das ja nicht gut nennen. Auf so eine Idee kommt man vermutlich nicht, wenn man nur Bier trinkt, dafür muss man noch ganz andere Sachen zu sich nehmen, was Mr. Warhol ja auch reichlich getan hat. Der Mann mochte der Legende nach gar kein Bier. Es heißt, dass ein Freund für ihn die „Farbe" produzieren musste. Leider wurde dieser Mann nie berühmt, fühlte sich am Ende gar „angepisst" und soll

Klagelieder gesungen haben, in denen das Wort „Bier“ nicht vorkam.

34) Grohmanns groteske Geschichte – Alles G oder was?

Geboren, gefüttert, geschlafen. gespielt, gewachsen. Grundschule gegangen, gelegentlich geschwänzt, gegebenenfalls gelernt. Gegessen, gepennt, größer geworden. Gartenkraut geraucht, Gedärme Gewitter gehabt. Gerstensaft getrunken, geschwankt, gerade gehalten, gegen Gartenzaun gepinkelt, Gras gesprenkelt, Garderobe gewechselt.

Gymnasium geblockt, Gärtner gelernt, Gemüse gezogen, Geranien gewässert. Gelernte Gärtnerin getroffen, gequatscht, gegessen, getrunken, Gebüsch gegangen, großartiges Gefühl gehabt. Gesamtsituation ganz gut gewesen.

General gerufen, Gewehr gehalten, Gasmaske gequält, Gelände geglättet, Geschütz gereinigt. Gegend gezogen, Gastronomie gesichtet, Genossen Galopp gelaufen. Girls gesehen, geguckt, gefragt, geredet, geküsst, geschlafen, Gonorrhöe gefangen. Geheilt. Gefreiter geworden, Gepäck gepackt.

Gärtnerin grußlos gegangen gewesen. Gesucht, gefunden, geredet. Gehört: Gebunden.

Genug Gerede gehabt, gegangen. Gerstensaft getrunken, Gin gekippt, Gehwerkzeuge geknickt, gefallen, gedacht: Glatteis gewesen. Gleichgewichtssinn gestört. Gerappelt, gerade gegangen.

Gärtner gemacht, Gehölze geschnitten, Gabelstapler gefahren, Gift gespritzt. Gertenschlanke Grazie gesehen, geguckt, geredet, gehört, gewinnend gelächelt. Grazie geziert. Gewartet, gebaggert, gebaggert, gebaggert. Ganz gut gemacht, Groschen gefallen, geheiratet. Grazie Gattin geworden.

Gegessen, getrunken, geschlafen, gearbeitet, gefeiert. Gut gelebt, Gewicht gehoben, Gürtel gelockert, gemächlich gemütlich geworden. Gürtel gelockert, Gymnastik gemacht, Garage gebaut, Geländewagen gekauft.

Gas gegeben, getankt, gut Gas gegeben, Geisterfahrer gesehen, Grünstreifen genutzt. Gigantisch Gas gegeben … geblitzt. Gezahlt, gepunktet, gelaufen. Gewartet, gefahren. Gas gegeben, Gaspedal gebrochen, Getriebe geschrien, Getriebe gestorben, Geländewagen geschrottet. Gesäß Grundeis gegangen.

Garage gelaufen, gewartet, Gerstensaft gebraut. Gemaischt, gegärt, gekühlt, Geguckt, gerochen, geschmeckt. Gut geschmeckt. Glas genommen, getrunken. Großes Glas genommen, getrunken. Garage gepennt, ganz grausig genächtigt, gedreht, geworfen, gekrümmt, gestrigen Gulasch gesehen, Garage gerochen, Gorgonzola geschnuppert.

Gut gelüftet.

Gen Gattin gegangen, gebeichtet. Geduscht, Gebiss gereinigt, gekämmt, Gabelfrühstück gekriegt, ganze Garnelen gefressen. Gewaschene Gardinenpredigt gehört. Geknickt Gärtnerei gegangen, gearbeitet, gerammelt, geschuftet, geknüppelt. Geläutert gelebt.

Glotze geguckt, Gottschalk gesehen, Gegessen, gegärtnert, geschlafen, Gattin gekuschelt, geküsst, geschleimt, geschmiert, gestreichelt, Gattin gnädig geworden, gesagt: G-Punkt geöffnet. Gigantisch gewesen. Gewartet, Gynäkologen gefragt. Gewonnen! Gebärmutter gefüllt.

Gemeinde gen Garage geladen. Grill gebaut, Grill gefüllt, gesalzen gegessen, gepfeffert getrunken. Gitarre gespielt, gesungen, gelallt, gefeiert, gereihert, Gesicht gelb-grün gewesen. Gegangen, gesamten Gehweg genutzt. Gattin garstig geworden, Geschirr geflogen, Gusche getroffen, gelispelt, gedacht: Gebiss gespalten. Grind geheilt.

Geliebte Gattin getröstet, gesittet geredet, Geschmeide gekauft, gut gegangen. Gattin, gelinde gesagt, gequälter gelaufen. Geburt gewartet.

Geplatzt! Gebärmutter geleert, Grohmännel geboren. Grandioses Geschehnis! Gute gefragt, gejammert, gekrochen. Genehmigung gekriegt. Garage gerannt, Gemeinde gerufen. Grill gefüllt, Gammelfleisch gewesen. Geschnuppert, gerochen, gestunken. Grill geleert, gereinigt, geputzt. Grillwürste geholt, gut gegessen, grandios getrunken, Grohmännel gefeiert.

Gattin gesund, Gattin geschlafen. Gerade gehalten, Gag gemacht, Gattin Gurkenmaske geklaut. Guantanamera getanzt, Gummibaum getroffen. Gattin geweckt, Gattin geguckt, Gattin gelacht. Gemerkt: Geht!

Geschafft gelebt, gearbeitet, gegessen, geschlafen. Glotze geguckt, geilen Geiz gesehen. Gebiss gepflegt, Goldkrone gekriegt.

Große Gefahr gewesen: Gärtnerei geschlossen. Gattin genervt, großes Gehabe gemacht. Gemerkt: Gattin gerecht geurteilt.

Gemächlichkeit gelöst, Gemüt gedreht, Gedanke gefunkt.

Garage generalüberholt, größer gemacht. Gewerbe gemeldet. Gesundheitsamt gekommen. Garage geschlossen. Getränkestützpunkt eröffnet, gebührend gefeiert, großes Gedränge gewesen.

Grohmännel gewachsen, groß geworden. Gestern ganz gelassen Gerstensaft getrunken. Geguckt, geschüttelt, gemerkt: Geschichte gleicht Generationen. Gewöhnungsbedürftig …

Dieses Buch entstand unter Zuhilfenahme von Fakten und Informationen aus diversen Druckerzeugnissen:

- Freie Presse
- Sächsische Zeitung
- Chemnitzer Morgenpost
- BILD-Zeitung
- „Fußball Unser"; Süddeutsche Zeitung GmbH
- „Lexikon der Fußballmythen" von Christian Eichler; Eichborn-Verlag
- Bertelsmann Universal-Lexikon,
- Postleitzahlenbuch

Zudem wurden Fakten aus folgenden Webseiten genutzt:

- www.wikipedia.de
- www.bier.de
- www.brauer-bund.de
- www.oktoberfest.de

Lutz Stolberg

Das Oldie-Buch
Die 60er

Für Sheridan war Sankt Pauli „eine Verlängerung von Soho. Außerdem war Hamburg bekannt, lag zentral und gut erreichbar und hatte einen Hafen. Es roch hier wie in den Docks von London oder Liverpool. Hamburg war irgendwie nicht Deutschland."
Und schließlich habe die alliierte Siegermentalität Britanniens Beat-Barden mitgespielt.
„Wir konnten uns auf dem Boden einer durch uns besiegten Nation austoben. In good old England hatten wir da Hemmungen. Und unsere englische Kultur, die ja auch amerikanische Züge trug, hat wiederum die deutschen Kids angelockt. So kam es zu einer Verschmelzung. Im Grunde genommen haben wir Hitler die Beatles zu verdanken", lacht Tony Sheridan und berichtigt gleich: „Nein, eigentlich dem deutschen Kaiser. Mit dem hat doch der ganze Schlamassel im 20. Jahrhundert angefangen."

ISBN 978-3-86634-720-5 engl. Paperback
Preis: 9,80 Euro 146 Seiten, 19,6 x 13,8 cm

Lutz Stolberg

Das Oldie-Buch
Die 70er

Skeptiker sagen: Die siebziger Jahre gähnen uns an wie eine Pufferzone voller Ödland. Die innovativen Sechziger waren gerade vorbei und die kreativen Achtziger noch nicht in Sicht.
Und sonst? Zum Beispiel die Supergruppen Deep Purple, Led Zeppelin, Queen und Pink Floyd, deren Konzerte Stadien füllten und deren Alben sich Millionenfach verkauften! Allerdings: In den Single-Charts und im Radioalltag jener Zeit spielten diese Bands nur eine geringe Rolle.
Ansonsten: „Alles Müll", dachten sich auch die jungen Wilden in den Londoner Kellerclubs und probten mit drei Akkorden den Aufstand: Punk brodelte und kochte sich allmählich an die Oberfläche. Rock fiel beinahe zurück zu seinen Wurzeln, den einfachsten Anfängen, im Verbund mit gelungener Provokation: Bürger erschrecken und „No Future" propagieren – das wenigstens machte Spaß, wenn schon nichts anderes.

ISBN 978-3-86634-804-2 engl. Paperback
Preis: 9,80 Euro 123 Seiten, 19,6 x 13,8 cm